MARK BRANDENBURG
MIT SPREEWALD

Tassilo Wengel

Mit Tourenkarten zum Heraustrennen

BRUCKMANN

DER AUTOR

Tassilo Wengel, geb. 1943 in Zwickau, Ausbildung zum Diplom-Gartenbau-Ingenieur. Seit 1980 als freier Bild- und Textjournalist für Zeitschriften – und Buchverlage tätig. Sein besonderes Interesse gilt dem Wandern und Reisen. Ziele sind Norddeutschland sowie Gebirgsregionen, wobei Kulturgeschichte, die Gartenkunst und die alpine Pflanzenwelt seine Schwerpunkte sind. Veröffentlichungen mehrerer Wander- und Radwanderführer.

Ein kostenloses Gesamtverzeichnis erhalten Sie beim
Bruckmann Verlag
D-81664 München
www.bruckmann.de

Lektorat: Kerstin Müller
Layout: BUCHFLINK Rüdiger Wagner, Nördlingen
Repro: Scanner Service, Verona
Kartografie: Anneli Nau, München
Herstellung: Thomas Fischer

Alle Angaben dieses Werkes wurden vom Autor sorgfältig recherchiert und auf den aktuellen Stand gebracht sowie vom Verlag geprüft. Für die Richtigkeit der Angaben kann jedoch keine Haftung übernommen werden. Für Hinweise und Anregungen sind wir jederzeit dankbar. Bitte richten Sie diese an:
Bruckmann Verlag
Produktmanagement
Innsbrucker Ring 15
D-81673 München
e-mail: lektorat@bruckmann.de

Bildnachweis: Umschlagvorderseite: Berliner Urstromtal
Alle Fotos auf dem Umschlag und im Innenteil von Tassilo Wengel.

Die Deutsche Bibliothek – CIP Einheitsaufnahme
Ein Titeldatensatz für diese Publikation ist bei der Deutschen Bibliothek erhältlich.

PIKTOGRAMME ERLEICHTERN DEN ÜBERBLICK:

Schwierigkeitsgrad:
○ leicht
◐ mittel
● anspruchsvoll

🏃 Weglänge
🕐 Gehzeit
⛰ Höhenunterschied
☺ kindgerecht

ZEICHENERKLÄRUNG ZU DEN TOURENKARTEN

A4 **9**	Autobahn
40	Hauptstraße
	Landstraße
	Nebenstraße/Ortsstraße
	Fahrwege
	Forstweg
– – – – – –	Fußpfad
	Bahnlinie mit Bahnhof
Ⓐ→Ⓔ	Tourenführung mit Anfangs- und Endpunkt
– – – – – –	Tourenvariante
Potsdam	Sehenswerter Ort/Stadt
▲	Gipfel
⌣	Pass
◆ ▼	Quelle - Wasserfall
P	Parkmöglichkeit
⊛	Bushaltestelle
▭	Bahnhof
Ⓔ Ⓐ	Anfangs-/Endpunkt
➤	Richtungspfeil
10	Touren-Nr.
o——o	Seilbahn
■——■	Gondelbahn
	Fernwanderweg

� ✿	Aussicht
⊠ ✉	Einkehr/Hütte
🍷 ✝	Kirche/Kloster
🏰 ♙	Turm
🏛	Museum
♨	Therme
⚱ ♙	Denkmal
🏞 ♬	Schloß/Burg/Ruine
♌	Höhle/Grotte
📊 ∴	prähistorische Fundstelle
🏖	Strand
Ⓒ Ⓒ	Camping
⊠	Rastplatz
ℹ	Information
+	Bildstock
♠	Markanter Baum
✳ ✴	Landschaftlicher Höhepunkt/ Sehenswert
✿	Mühle
✈	Flughafen
≍	Tunnel
→	Randhinweispfeil
N 0 — 1 km	Maßstableiste (1 : 100.000)

INHALT

Zeichenerklärung zu den Tourenkarten 3

Einführung und Wanderspecial   *8*

Die Landschaft 8 • Theodor Fontane 9 • Geologie 9 • Die Märkische
Eiszeitstraße 10 • Natur – Pflanzen … 11 • … und Tiere 12 • Vom
Nationalpark bis zum Biosphärenreservat 14 • Geschichte 15
Karl Friedrich Schinkel (1781–1841) 17 • Peter Joseph Lenné
(1789 –1866) 18 • Berühmte Klöster in Brandenburg 19 • Essen
und Trinken 20 • Wanderspecial 21 • Outdoor-Aktivitäten 22

35 Wanderungen   *24*

1   **Durch die Potsdamer Parklandschaft**   ☺ ◯   **24**

    Kulturvoller Auftakt

2   **Um den Schwielowsee**   ☺ ◑   **26**

    Überraschung Bonsaigarten

3   **Zu den »Glindower Alpen«**   ☺ ◯   **28**

    Blütenfest bei Werder

4 Durch das Briesetal ☺○ 30

Natur pur an der Briese

5 Rund um den Lehnitzsee ☺○ 32

Imposante Lehnitzschleuse

6 Um den Wutzsee bei Lindow ☺○ 34

Auf dem Naturlehrpfad

7 Zwischen Tornowsee und Kalksee ☺◐ 36

Rast in der Boltenmühle

8 Zum Naturschutzgebiet Wittwesee ☺○ 39

Mit Fritzchen unterwegs

9 Von Neuglobsow zum Stechlinsee ☺◐ 42

Erinnerung an Fontane

10 Rund um den Roofensee ☺○ 44

Auf dem Naturerlebnispfad

11 Von Fürstenberg zum Peetschsee ☺◐ 46

Gemütliche Rast in Steinförde

12 Auf dem Woblitz-Rundweg ☺◐ 49

Wo der Weihnachtsmann sein Postamt hat

13 Um den Kienberg bei Ringenwalde ☺◐ 52

Auf historischen Pfaden

14 Zum Wildpferdgehege Liebenthal ☺○ 54

Bei den Przewalski-Pferden

15 Von Zerpenschleuse zum Eisenbudersee ☺○ 56

Entlang des Finowkanals

16 Zwischen Wandlitzsee und Rahmersee ☺○ 58

Auf der Drei-Seen-Tour

17 **Wanderung zum Liepnitzsee** ☺○ **61**
Reines Badevergnügen

18 **Zum Wukensee bei Biesenthal** ☺○ **64**
An heißen Sommertagen ein Tipp

19 **Von Eichhorst zum Werbellinsee** ☺○ **66**
Durch die Üderheide

20 **Um den Grimnitzsee** ☺◐ **68**
Zum größten See der Schorfheide

21 **Durch die Hügellandschaft bei Brodowin** ☺○ **70**
Reizvolle Aussicht

22 **Von Bad Freienwalde nach Falkenberg** ☺○ **73**
Auf dem Fontane-Wanderweg

23 **Von Eberswalde zum Nonnenfließ** ☺○ **76**
Spuren der Eiszeit

24 **Durch den Gamengrund** ☺○ **79**
Rast im Country-Camping

25 **Zwischen Strausberg und Spitzmühle** ☺○ **81**
Genussreiche Waldwanderung

26 **Von Buckow zum Krugberg** ☺◐ **84**
In waldreicher Umgebung

27 **Zu den Oderhängen bei Seelow** ☺○ **86**
Die Blütenpracht der Adonisröschen

28 **Durch die Rauener Berge** ☺○ **88**
Im Hain mit sagenhaften Steinen

29 **Um den Treppelsee** ☺○ **90**
Rast im Forsthaus Siehdichum

30 Von Kieselwitz zum Wirchensee ☺◑ **92**

Im stillen Tal der Schlaube

31 Im Naturschutzgebiet Byttna ☺○ **94**

Auf dem heiligen Weg zu den Göttereichen

32 Von Lübbenau nach Lehde ☺○ **97**

Im Herzen des Spreewaldes

33 Von Burg zum Bismarckturm ☺○ **100**

Auf geschichtlichem Exkurs

34 Zwischen Caminchen und Briesener See ☺○ **103**

Badefreuden an glasklaren Gewässern

35 Zum Belziger Hagelberg ☺◑ **105**

Auf den höchsten »Berg« Brandenburgs

Reise-Informationen **108**

Register **120**

Tourenkarten **121**

Einführung

Die Landschaft

Zu den herausragenden Baudenk–mälern in Brandenburg gehört die Klosterkirche in Lehnin.

Wer sich in der Mark Brandenburg auf den Weg macht, die Landschaft als Wanderer zu erkunden, wird von der Vielfalt und Schönheit überrascht sein. Diese »Streusandbüchse«, wie die Landschaft um Berlin genannt wird, hat mehr zu bieten als Kiefernwälder auf kargem Sandboden. Seen, reizvolle Wasserläufe und viele große und kleine Erhebungen mit Aussichtspunkten sorgen für Abwechslung beim Wandern. Dazu kommt eine Fülle an Kulturdenkmälern, die von bedeutsamen Klosteranlagen wie Chorin oder Lehnin, altehrwürdigen Stadtmauern, unzähligen Dorfkirchen bis zu schön restaurierten Schlössern, Herrenhäusern und romantischen Parkanlagen reichen. Ganz zu schweigen von der großartigen Architektur in der brandenburgischen Landeshauptstadt Potsdam, die seit 1991 zum Weltkulturerbe der UNESCO gehört.

Wandern in Brandenburg heißt auch, Natur pur zu genießen, zu der die gelb blühenden Rapsfelder vor blauem Himmel, rote Mohnfelder oder blühende Obstbäume gehören. Zahlreiche verschlungene Pfade führen durch die Kiefernwälder, wo der Wanderer noch einsam ist und die Stille der Natur von manchen schönen Rastplätzen aus genießen kann.

Nicht selten laden glasklare Seen zum Sonnen und Baden ein oder animieren gar zu einer Schiffahrt.

Schließlich sorgen im Land Brandenburg viele schöne Gaststätten oder Landgasthöfe mit urigem Ambiente für kulinarische Genüsse und mit dem Symbol »familienfreundlich« gekennzeichnete Hotels, Pensionen oder Gasthöfe finden auch bei Wanderfreunden immer mehr Zuspruch.

Theodor Fontane

Mit seinen »Wanderungen durch die Mark Brandenburg« wurde Theodor Fontane neben anderen Werken wie zum Beispiel »Effi Briest« weit über die Grenzen des Landes bekannt und setzte sich selbst ein Denkmal. Geboren wurde er am 30. Dezember 1819 als Sohn einer Hugenottenfamilie in Neuruppin, in der heutigen Karl-Marx-Straße, dem Haus der Löwenapotheke. Ihm setzte die Stadt mit einem Werk des Neuruppiner Bildhauers Max Wiese am südwestlichen Ende dieser Straße ein Denkmal.

Das Theodor Fontane – Denkmal in Neuruppin

Geologie

Als gewaltige Gletschermassen von Skandinavien nach Mitteleuropa vordrangen, brachten sie ein Gemenge aus Steinen, Sand, Ton und Kalk mit und lagerten einen Teil davon als Grundmoräne ab. Auf diese Weise entstanden die beiden Landschaften Barnim und Teltow. Gleichzeitig schoben sie das Material vor sich her und nahmen beim Überschreiten von Felsenlandschaften Steine auf. Als vor 20 000 Jahren die Eispanzer schmolzen, blieben die Geschiebe als Endmoränen liegen, teilweise mit ausgedehnten Sanderflächen, die heute teilweise der Kies- und Sandgewinnung dienen. Solche Endmoränen sind der Joachimsthaler und der Parsteiner Bogen.

Mit dem Abschmelzen des Eises entstanden auch zahlreiche Seen sowie Bäche und Flüsse. Wo sich die Schmelzwassermassen sammelten, entstanden Urstromtäler, die heute von der Dahme, Havel und Spree durchflossen werden. Sie bilden mit ihren zahlreichen Nebenarmen ein Netz von Wasserstraßen, das ein Eldorado für Wassersportler ist.

Während der Eiszeit entstand auch das Berliner Urstromtal.

Besonders auffällig ist der Seenreichtum Brandenburgs. Schmal und tief sind die Rinnenseen, die durch die ausstrudelnde Wirkung des Schmelzwassers in der Nähe von Gletscherspalten entstanden.

Die Märkische Eiszeitstraße zwischen Groß Schönebeck und Joachimsthal.

Dazu zählen der Werbellinsee und der Ruppiner See. Flach und rundlich sind dagegen die Beckenseen, die besonders in den Senken der Talsandgebiete anzutreffen sind. Beispiele dafür sind der Parsteiner See, der Grimnitzsee und der Oberuckersee.

Nach dem Abschmelzen des Eises blieben auch besonders große und schwere Steine aus Granit, Gneisgranit oder Biotitgranit zurück, die Findlinge genannt werden. Besonders berühmt ist der Riesenstein im Schloßpark von Ringenwalde mit einem Gewicht von 34 t oder der Große Stein bei Neuendorf mit einem Gewicht von 20 t. Andere berühmte Findlinge sind der Teufelstein bei Prenden und der Wrangelstein bei Warnitz.

Die Märkische Eiszeitstraße

Wer diese Region auf einer Erlebnisroute erkunden möchte, kann sich auf eine 340 km lange Reise entlang der »Märkischen Eiszeitstraße« begeben. Sie führt durch die Uckermark, den Barnim sowie den nördlichen Teil des Kreises Märkisch-Oderland. Dabei handelt es sich um eine Route mit zahlreichen Orten, die als Ausgangspunkte zum Entdecken, Erleben und Genießen von Naturfreunden, Geschichtswissenschaftlern und Denkmalskundlern empfohlen werden. Sie führt von Bernau durch das Biesenthaler Becken nach Groß Schönebeck und weiter zum Werbellinsee. Von hier geht es entlang des Joachimsthaler Endmoränenbogens nach Templin, durch das Lychener Seengebiet nach Boizenburg und Prenzlau. Schließlich führt die Route durch das untere Odertal nach Schwedt und Angermünde und erreicht über den Niederoderbruch sowie Bad Freienwalde das Eberswalder Urstromtal, wo es über das Schiffshebewerk Niederfinow und Eberswalde zurück zum Ausgangspunkt nach Bernau geht.

Natur – Pflanzen …

Die verschiedenen Böden und das Mikroklima, aber auch die Geländeformen sowie die Feuchtigkeit sind der Grund für eine vielfältige und interessante Pflanzenwelt. Wenn auch Ackerflächen und Kiefernwälder mit Blaubeeren, Preiselbeeren und Heidekraut dominieren, so konnten doch viele wertvolle Lebensräume erhalten werden. Zahlreiche Naturparks und Biosphärenreservate wurden geschaffen, um die wertvolle Vegetation zu schützen, die auf schönen Wanderwegen erlebbar ist.

Buschwindröschen bilden in den brandenburgischen Wäldern ausgedehnte Teppiche.

Besonders auf Endmoränen haben sich Traubeneichenwälder mit pfirsichblättrigen Glockenblumen, gelbem Fingerhut und Berghartheu erhalten. Dort, wo der Boden kalkreich und wechselfeucht ist, findet man Laubwälder mit Winterlinde, Stieleiche, Hainbuche, Ulmen und Ahornarten, in denen eine reiche Frühlingsflora mit Buschwindröschen, Leberblümchen und Scharbockskraut vorhanden ist. Ist der Boden saurer, wachsen Wälder aus Stieleichen und Birkenwälder mit Ebereschen durchmischt, in denen Adlerfarn, Sauerklee und Schattenblumen die Bodenvegetation bilden.

Früher recht häufig, haben sich heute dank der Naturschützer nur an wenigen Stellen die ökologisch wertvollen Pfeifengras-Wiesen mit Orchideen, Prachtnelken und Sibirischen Schwertlilien erhalten. Eine Oase mit Wildarten ist der Fiederzwenkenrasen, wo

Schachbrettblumen, Herbstzeitlose und Orchideen wie Spitz-
orchis und Sumpf-Knabenkraut vorkommen. Botanische Schätze
beherbergen auch die Trockenrasen, die vor allem an wärme-
begünstigten Hängen im Oderbruch während der Blütezeit der
Adonisröschen im April viele Besucher anziehen.

Stellenweise kommen einige Moore aus Torfmoosen vor, in
denen Sumpfporst, Rosmarinheide, Sonnentau und Wollgräser
gedeihen.

Nicht zu vergessen die zahlreichen Pflanzenarten der Gewässer,
die Seen und Bäche besiedeln. Neben ausgedehnten Schilf-
röhrichtbeständen an den Seeufern gedeihen auch Igelkolben,
Pfeilkraut, Wasserfeder, Krebsscheren, Froschbiß sowie reichlich
Seerosen, die vor allem stille Waldseen bedecken oder an den
Ufern der größeren Seen Lebensraum finden.

... und Tiere

Die streckenweise sehr dünn besiedelte brandenburgische Landschaft bietet zahlreichen Tierarten günstige Lebensbedingungen.
Vielfältig ist das Mosaik aus Wäldern, Äckern, Wiesen und
Sumpfgebieten sowie schönen Wasserlandschaften, die den ver-
schiedensten Tierarten günstige Lebensräume bieten.

In den Wäldern leben Rot- und Schwarzwild sowie zahlreiche
Vogelarten wie Baumpieper, Haubenmeise, Heidelerche, Pirol,
Waldschnepfe und Misteldrossel sowie verschiedene Specht-
arten.

Wiesen oder Moore besiedeln wiederum andere Vögel wie Reb-
huhn, Rohrammer, Kiebitz, Großer Brachvogel oder Wachtel-
könig, und in den Niederungen der Wasserläufe haben Hauben-
taucher, Stock-, Krick- und Eiderenten sowie Sumpfhühner ihren
Lebensraum. Manchmal lassen sich auch Seeadler, Graureiher
und Kraniche beobachten.

Auf den sumpfigen Wiesen zwischen großen Seengebieten trifft
man häufig Störche, denn zwischen der Prignitz und dem Spreewald brüten jährlich etwa 1300 Storchenpaare. Gelegentlich
kann man auch den Schwarzstorch sehen, der als seltener Brut-
vogel in feuchten Laubwäldern lebt. Besonders selten ist die
Großtrappe, von der es in Brandenburg einen Fundort gibt. Sie
wird bis zu einen Meter hoch und gehört zu den vom Aussterben
bedrohten Vögeln. Häufig begleiten den Wanderer dagegen in

Brandenburg kreisende Greifvögel wie Mäusebussard, Sperber, Habicht und Wanderfalke.

Wandert man zwischen den blütenreichen Wiesen, sieht man zahlreiche attraktive Schmetterlinge flattern. Admiral, Dukaten-falter, Schwalbenschwanz und Großer Fuchs gehören hier zu den bemerkenswertesten Arten.

Wenn es Abend wird im Brandenburger Land, dann fliegen oft fremdartig wirkende Tiere, die Fledermäuse, von denen hier 14 Arten bekannt sind und die in dieser Zeit vor allem Jagd auf Nachtfalter machen.

Schließlich ist Brandenburg mit seinem Wasserreichtum auch ein Eldorado für Angler, denn in den Gewässern leben über dreißig Fischarten vom Aal bis Hecht oder Stichling.

Vielerorts kann man im Sommer Storchennester mit Jungvögeln beobachten.

Vom Nationalpark bis zum Biosphärenreservat

Um die weitgehend erhaltenen Kulturlandschaften mit ihrem Reichtum an Tieren und Pflanzen zu schützen, wurden zahlreiche Großschutzgebiete geschaffen. Naturschutz und Landschaftspflege haben im Land Brandenburg eine zentrale Bedeutung und werden im Einklang mit einem sanften Tourismus praktiziert. In Faltblättern werden interessante Wanderungen vorgeschlagen und naturkundliche sowie kulturhistorische Hinweise gegeben. Die Verwaltungen der Großschutzgebiete sind in der Landesanstalt für Großschutzgebiete, Tramper Chaussee 2, 16225 Eberswalde, Tel. 03334/6 62 60, Fax 66 26 50, E-Mail: lags@lags.brandenburg.de zusammengefasst.

Das Schlaubetal ist das schönste Bachtal Ostbrandenburgs und wegen seiner reichen Tier- und Pflanzenwelt zum Naturpark erklärt worden.

Die Großschutzgebiete im Einzelnen:

Nationalpark Unteres Odertal, Park 1–4, 16306 Criewen, Tel. 03332/2 67 72 00, Fax 2 67 72 20.

Biosphärenreservat Flusslandschaft Elbe-Brandenburg, Neuhausstraße 9, 19322 Rühstädt, Tel. 038791/9 80 10, Fax 9 80 11.

Biosphärenreservat Schorfheide-Chorin, Hoher Steinweg 6–6, 17268 Angermünde, Tel. 03331/3 65 40, Fax 36 54 10.

Biosphärenreservat Spreewald, Schulstraße 9, 03222 Lübbenau, Tel. 03542/8 92 10, Fax 89 21 40.

Naturpark Barnim, Kirchstraße 11, 16348 Wandlitz, Tel. 033397/ 69 70, Fax 6 97 13.

Naturpark Dahme-Heideseen, Dorfstraße 8, 15752 Prieros, Tel. 033768/96 90, Fax 6 69 10.

Naturpark Hoher Fläming, Brennereiweg 45, 14823 Raben, Tel./ Fax 033848/6 00 01.

Naturpark Märkische Schweiz, Lindenstraße 33, 15377 Buckow, Tel. 033433/1 58 40, Fax 1 58 42.

Naturpark Niederlausitzer Heidelandschaft, Markt 20, 09424 Bad Liebenwerda, Tel. 035341/61 50, Fax 6 15 14.

Naturpark Niederlausitzer Landrücken, Gärtnereihaus, Luckauer Straße 1, 93246 Fürstlich-Drehna, Tel. 035324/30 50, Fax 3 05 20.

Naturpark Nuthe-Nieplitz, Zauchwitzer Straße 51, 14547 Stücken, Tel. 033204/3 59 01, Fax 4 18 69.

Naturpark Schlaubetal, Wirchensee, 15898 Treppeln, Tel. 033673/4 22, Fax 5 50 51.

Naturpark Stechlin – Ruppiner Land, Schillerstraße 6, 16831 Rheinsberg, Tel. 033931/3 44 80, Fax 34 48 15.

Naturpark Uckermärkische Seen, Zehdenicker Straße 1, 17279 Lychen, Tel. 039888/6 45 30, Fax 6 45 55.

Naturpark Westhavelland, Dorfstraße 5, 14715 Parey, Tel. 033872/74 30, Fax 7 43 12.

Naturwacht Brandenburg, Joachimsthaler Straße 16a, 16348 Groß Schönebeck, Tel. 033393/63 80, Fax 6 38 11. Internet: www.naturwacht.de

Geschichte

Schon in der mittleren Steinzeit zwischen 7500 und 3500 v. Chr. siedelten in der heutigen Mark Brandenburg bereits sesshafte Jäger und Sammler, und in den folgenden Jahrtausenden wanderten erste Ackerbauern und Viehzüchter aus Südeuropa entlang der Oder ein. Aus dieser Zeit sind noch einige Großsteingräber erhalten, zum Beispiel bei Bagemühl, Schwaneberg und Mürow. In der Bronzezeit zwischen 1700 und 700 v. Chr. nahm die Dichte der Besiedlung zu. Aus dieser Zeit konnten zum Beispiel zahlreiche Hügelgräber bei Ringenwalde nachgewiesen werden.

Die ersten Germanen vom Stamm der Semnonen lebten hier erst im 5. Jh. v. Chr. Sie zogen im Verlauf der Völkerwanderung nach

In Altlandsberg ist die mittelalterliche Stadtbefestigung fast vollständig erhalten, hier das Berliner Tor.

Südwesten, und von Osten folgten in das Gebiet zwischen Oder und Elbe westslawische Stämme. Heute noch gehen geografische Begriffe auf sie zurück, wie zum Beispiel Uckersee auf die Ukrer, Lebus auf die Leubuzzen, und die Spree nimmt Bezug auf die Spirawanen oder Spreewanen.

In den folgenden Jahrhunderten war das Gebiet dünn besiedelt, dennoch entstanden neue Dörfer in der Nähe von Gewässern und in der jungslawischen Zeit zwischen 11. und 13. Jh. erweiterten sich die Ackerflächen umfassend. In der Mitte des 12. Jh. wurden die Slawen mit dem Wendenkreuzzug von deutschen Fürsten mit dem Segen des Papstes vertrieben, und der Askanier Albrecht der Bär (regierte von 1134 bis 1170) erhielt das Land als Lehen. Er war der erste Markgraf von Brandenburg und förderte die Besiedlung der »Mark Brandenburg«. Unter der etwa 200 Jahre währenden segensreichen Herrschaft der Askanier wurden Städte wie Altlandsberg (1230), Berlin und Cölln (1230), Bernau (1232), Strausberg (1232) gegründet, es entstanden Klöster wie Chorin (1273) oder Himmelpfort (1299) sowie zahlreiche Kirchen.

Mit dem Tode Waldemars im August 1319 ging die glanzvolle Landesherrschaft zu Ende, die Mark Brandenburg kam an die bayrischen Wittelsbacher, wurde Kurfürstentum und fiel 1373 im Vertrag von Fürstenwalde 1373 an Karl IV., seit 1346 deutscher König und seit 1355 auch römischer Kaiser. Er ließ 1375/76 in seinem Landbuch den gesamten märkischen Grundbesitz erfas-

sen und übergab das Land seinem Sohn Sigismund (1368–1437).
Er wurde 1410 deutscher König und übergab 1415 den Hohenzollern die Kurmark, die bis zum Abdanken von Kaiser Wilhelm II. 1918 in ihrer Hand blieb. Unter den Hohenzollern erlebte die Mark allmählich wirtschaftlichen Aufschwung, das Land und die Städte neigten zur Reformation, sympathisierten immer stärker mit Luthers Lehre, so dass sich Joachim II. (1505–1571), Kurfürst von Brandenburg, 1539 zum Übertritt entschloss.
Düstere Zeiten brachte der Dreißigjährige Krieg (1618–1648), das Land war verwüstet, die Städte und Dörfer entvölkert.
Erst Mitte des 17. Jh. ging es wirtschaftlich und kulturell aufwärts, der Große Kurfürst Friedrich Wilhelm heiratete 1646 Luise-Henriette von Oranien, die Tochter des Statthalters der Niederlande, und berief zahlreiche Künstler an den brandenburgischen Hof. Sie kamen aus den Niederlanden, aber auch aus Deutschland, und schufen die berühmten Schlösser und Gärten in Potsdam, Glienicke, Caputh, Bornim und anderswo.
Brandenburg stieg zur führenden Macht der deutschen Nation auf, berühmte Persönlichkeiten wie Georg Wenzeslaus von Knobelsdorff, Andreas Schlüter, David Gilly, Friedrich Christian Glume, Karl Friedrich Schinkel und Peter Joseph Lenné und andere schufen einzigartige Werke der Architektur und Gartenkunst, Villen und Herrenhäuser, die heute zu den Perlen in der Landschaft gehören.

Karl Friedrich Schinkel (1781–1841)

In Neuruppin geboren, war Schinkel der einflussreichste aller preußischen Baumeister und einer der bedeutendsten deutschen Klassizisten. Gemeinsam mit König Friedrich Wilhelm IV. schuf er in Potsdam und Umgebung eine Architekturlandschaft mit römischem Akzent, für deren Formensprache er Anregungen aus der Antike schöpfte. Damit prägte er nicht nur die Architektur allein, sondern das gesamte »Design einer Epoche«. Treffend schildert ihn Theodor Fontane: »... Das ganze Kunsthandwerk – dieser wichtige Zweig modernen Lebens – ging unter seinem Einfluß einer Reform, einem mächtigen Aufschwung entgegen. Die Tischler und Holzschneider schnitzten nach schinkelschen Mustern, Fayence und Porzellan wurden schinkelsch geformt, Tücher und Teppiche wurden schinkelsch gewebt. Das Kleinste und Größte nahm edlere Formen an: der altvätrische Ofen, bis dahin ein Ungeheuer, wurde zu einem Ornament, die Eisengitter hörten auf, eine bloße Anzahl von Stangen und Stäben zu sein, man trank aus schinkelschen Gläsern und Pokalen, man ließ seine Bilder in schinkelsche Rahmen fassen, und die Grabkreuze der Toten waren schinkelschen Mustern entlehnt.«

Zu den berühmtesten Klöstern in Brandenburg zählt das Kloster Chorin bei Eberswalde.

Peter Joseph Lenné (1789–1866)

Zahlreiche große und kleine Gärten in der Mark Brandenburg tragen die Handschrift dieses Künstlers. Er gilt mit Recht als der bedeutendste Gartenarchitekt des 19. Jh. im deutschen Sprachraum, wirkte viele Jahre in Potsdam und schuf zahlreiche Gärten im landschaftlichen Stil. Studienreisen führten ihn in verschiedene

Länder Europas, bevor er in den Dienst von König Friedrich Wilhelm III. trat. In seiner 50-jährigen Dienstzeit sorgte er nicht nur für die Pflege, Erneuerung und Erhaltung der alten Sanssouci-Gärten, sondern auch für ihre Erweiterung. Unter seiner Führung entstand eine Kulturlandschaft um Potsdam, wo Parkanlagen mit der Natur eine Einheit bilden.

Berühmte Klöster in Brandenburg

Chorin: Eines des bedeutendsten Baudenkmäler Brandenburgs, 1273 Baubeginn, 1542 im Zuge der Reformation aufgelöst. Vom einstigen Bau sind noch die Klosterkirche, das herausragende Beispiel norddeutscher Frühgotik mit seinem berühmten Schaugiebel an der Westwand des Langhauses, die Klausur sowie Teile des westlichen Kreuzganges vorhanden. Beliebt sind die Sommerkonzerte im Klosterhof.

Die Gartenanlage Charlottenhof in Potsdam wurde von dem berühmten Gartenarchitekt P.J. Lenné geschaffen.

Heiligengrabe: Gegründet 1287 durch Markgraf Otto V. Zu den sehenswerten Sakralbauten der nordischen Backsteingotik gehört die Heiligengrabkapelle mit reich gegliederten Staffelgiebeln. In dem von 1722 bis 1727 errichteten stimmungsvollen »Damenhof« mit schönen Fachwerkhäusern und liebevoll gepflegten Bauerngärten leben noch immer Stiftsdamen des 1995 revitalisierten Konvents.

Lehnin: Gilt als älteste Klostergründung in der Mark Brandenburg und wurde von Markgraf Otto I. von Brandenburg gestiftet. Erhalten blieben die Kirche von 1190 mit romanischem Kruzifix von 1230 und Tafelbilder zur Klostergeschichte aus dem 15. Jh.; erhalten sind auch Teile der Klausur und des Kreuzganges. In den gut erhaltenen Gebäuden befindet sich ein Altenheim.

Neuzelle: Erbaut 1281 durch Markgraf Heinrich den Erlauchten von Sachsen, 1730 erhielt die Kirche ihre prachtvolle Barockausstattung. 1736 wurde von böhmischen Bildhauern und Malern der Wessobrunner Schule der barocke Hochaltar mit der Emmaus-Gruppe errichtet.

Stepenitz: Der Ritter Johann Gans von Putzlitz gründete 1231 das Zisterzienser-Nonnenkloster Marienfließ (1928 in das Dorf Stepenitz eingemeindet). Erhalten blieb die frühgotische Hallenkirche, in der besonders die 1902 freigelegten Malereien von Pflanzenmotiven und Wappenbildern am Deckengewölbe sehenswert sind.

Zinna: Gestiftet 1170 durch Erzbischof Wichmann von Magdeburg, Baubeginn der Klosterkirche Ende des 12. Jh. Zu den Sehenswürdigkeiten gehören die Zisterzienserbasilika aus Granitquadern, die neue Abtei mit reichem Stufengiebel sowie das Abtshaus mit Fresken von 1450.

Essen und Trinken

Restaurants mit Spezialitäten gibt es in Brandenburg sehr viele, deshalb kann nur eine kleine Auswahl genannt werden.

Bernau: Gaststätte Waldkater, Wandlitzer Chaussee 10, Tel. 03338/57 64. Spezialität Wildgerichte.

Chorin: Honig-Spezialitäten-Restaurant Immenstube im Hotel Haus Chorin, Neue Klosterallee 10, Tel. 033366/5 00. Spezialität: Gerichte mit Honig in vielen Variationen.

Klosterfelde: Restaurant Lindengarten, Hauptstraße 10, Tel. 033396/3 18. Spezialität: Krokodilsteak u.a.

Lehde: Gasthaus Hirschwinkel, An der Dolzke 6, Tel. 03542/89 99 50. Original Spreewälder Wild- und Fischspezialitäten.

Lindow: Restaurant im Hotel Krone, Straße des Friedens 11, Tel. 033933/1 10. Gerichte aus dem Fontane-Kochbuch wie Putenzopf, Karpfenbratwurst und andere.
Wandlitz: Zur Waldschänke, Zühlsdorfer Chaussee 14, Tel. 033397/6 11 05. Spezialität: Wildschwein am Spieß.

Die Gaststätte »Waldkater« bei Bernau kann mit ausgezeichneten Speisen und einem reizvollen Ambiente aufwarten.

Wanderspecial

Jedes Jahr findet an einem Wochenende im Juni die Brandenburger Landpartie statt, ein »Tag der offenen Tür« auf dem Land. 160 Bauernhöfe, Agrarmuseen und ländliche Kultureinrichtungen erwarten Gäste, Erzeuger und Bio-Läden bieten Öko-Produkte von Obst und Gemüse über Fisch, Fleisch bis Ziegenkäse an, auf den Höfen können Kinder Tiere streicheln, und extra für die Landpartie

aufgestellte Tische und Bänke laden bei Kaffee und Kuchen oder einem deftigen Imbiss zum Verschnaufen und Probieren ein.

Informationen bei Landurlaub in Brandenburg e. V., Am Raubfang 6, 14469 Potsdam, Tel. 0331/50 00 37, Fax 0331/50 08 32. E-Mail: landurlaub-brandenburg@t-online.de

Der Rixmannshof in Linum zur Landpartie.

Outdoor-Aktivitäten

Neben Wandern bietet die Mark Brandenburg noch viele andere Outdoor-Aktivitäten. Auskünfte hierzu unter der TMB-Hotline 0331/2 00 47 47.

Tipp

Eine sehr reizvolle Art der Erholung ist auch die Fahrt mit einer Fahrrad-Draisine, die auf alten Schienensträngen zwischen Fürstenberg/Havel über Lychen bis nach Templin verkehrt und mit Beinkraft über Pedale angetrieben wird. Auf einer Draisine haben drei Erwachsene oder zwei Erwachsene mit zwei Kindern Platz.

Radwandern

Besonders beliebt sind Radwandertouren, denn etwa 1600 km Radwanderwege stehen zur Verfügung. Dazu gehören mehrere überregionale Radfernwege. Der Spreeradwanderweg, der Oder-Neiße Radwanderweg, der Europaradweg »R1« und der Radwanderweg Berlin-Kopenhagen. Auch regionale Radwanderrouten wie der Gurkenradweg oder die Bergbauroute laden zum Radeln ein.

Reiten

Über 5000 km Reitwege durchziehen die wald- und wasserreiche Landschaft Brandenburgs, zahlreiche Reiterhöfe vermieten Pferde und bieten Unterkunft. Außerdem gibt es in Brandenburg über 400 Reitvereine.

Golfen

Die meisten Golfplätze in Brandenburg haben Gastspielregelungen, so dass sie nicht nur für Mitglieder geöffnet sind.

Rudern gehört auf den verzweigten Wasserstraßen zu den beliebten Sportarten.

Wassersport

Auf den 3087 Seen und 33 000 km Wasserläufen Brandenburgs bieten sich vielfältige Outdooraktivitäten wie Angeln, Kanufahrten, Rudern, Motorbootfahrten, Segeln, Surfen, Schwimmen und Wasserski an.

1 Durch die Potsdamer Parklandschaft

Kulturvoller Auftakt: Hauptbahnhof – Freundschaftsinsel – Brandenburger Straße – Park Sanssouci – Neuer Garten – Hauptbahnhof

○	leicht
🚶🚶 km	12 km
🕐	3 Std.
⛰	keine
☺	ja

Tourencharakter: Bequemer Spaziergang auf Platten- und Pflasterwegen, in den Parks auch feste Sandwege.
Beste Jahreszeit: Frühjahr bis Herbst.
Ausgangs-/Endpunkt: Hauptbahnhof Potsdam.
Wanderkarte: Stadtplan von Potsdam.
Markierung: Keine, Wegbeschreibung im Text.
Verkehrsanbindung: Autobahn A 10 Berliner Ring, Ausfahrt Potsdam Nord und B 273 oder Potsdam Süd und B 2 nach Potsdam. Von Berlin mit S-Bahn bis Potsdam Hbf.
Einkehr: Potsdam: Auf der Freundschaftsinsel; Gaststätte Der Kloster-

keller, Friedrich-Ebert-Straße 94; Fischrestaurant Der Butt, Gutenbergstraße 25.
Unterkunft: Potsdam: Filmhotel & Restaurant Lili Marleen, Tel. 0331/74 32 00, Fax 0331/7 43 20 18; Hotel am Jägertor **** , Tel. 0331/2 01 11 00, Fax 0331/2 01 13 33; Hotel Mercure Berlin Potsdam, Lange Brücke, Tel. 0331/27 22, Fax 0331/ 29 34 96.
Tourist-Info: Potsdam Tourismus GmbH, Postfach 601220, 14412 Potsdam, Tel. 0331/27 55 80, Fax 0331/2 75 58 99, E-Mail: information@potsdam.de, www.potsdam.de

Wegen seiner Schlösser und Gärten weltberühmt und als Weltkulturerbe der UNESCO 1991 anerkannt, ist Potsdam einen Spaziergang wert. Es lohnt sich, auf den Spuren des »Alten Fritz«, des Preußenkönigs Friedrich II., zu wandeln.

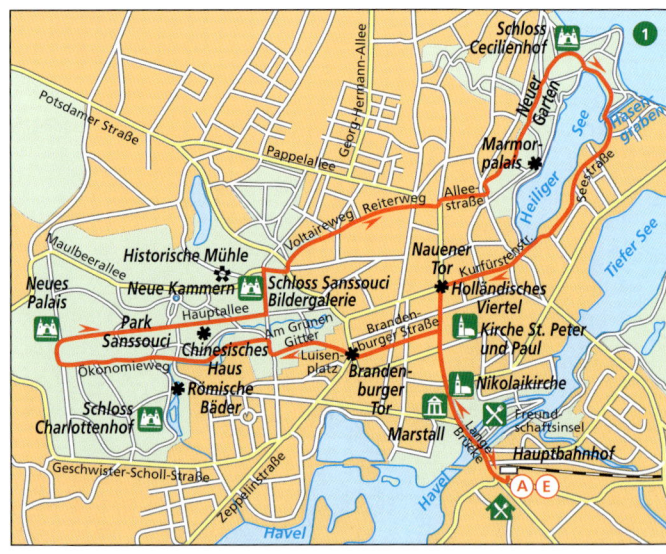

Der Wegverlauf

Wir starten am Hauptbahnhof in **Potsdam**, wenden uns nach rechts und kommen zur Langen Brücke. Dort befindet sich der Zugang zur 6,5 ha großen **Freundschaftsinsel**, wo sich eine zauberhafte Gartenanlage befindet.

Von der Langen Brücke folgen wir der Friedrich-Ebert-Straße weiter und biegen nach 10 Min. nach links in die Fußgängerzone Brandenburger Straße ein. Sie führt direkt zum **Brandenburger Tor** am Platz der Nationen, das 1770 von Georg Christian Unger und Karl von Gontard errichtet wurde. Der Platz wird schräg nach rechts überquert, und auf der Allee nach Sanssouci kommen wir zum Eingang vom **Park Sanssouci**. Auf dem Weg Am Grünen Gitter gelangen wir zu einem Querweg, der direkt zum Schloß Sanssouci führt. Wir gehen den Ökonomie-Weg entlang, am **Chinesischen Teehaus** (1754–56 von Johann Gottfried Büring erbaut) vorbei, links haltend zum **Schloss Charlottenhof** mit Gartenanlage und den **Römischen Bädern** mit Atrium und Thermenhalle im pompejanischen Stil. Der Weg führt weiter zum **Neuen Palais**, einer großartigen Schloßanlage aus der Mitte des 18. Jh.

Von hier auf der Hauptallee zurück zum **Schloß Sanssouci**, wobei sich nach links mehrere Abstecher wie zum Beispiel zum Botanischen Garten, zum Sizilianischen Garten und den **Neuen Kammern** anbieten. Beim Schloß (Mitte 18. Jh. von Georg Wenzeslaus von Knobelsdorff und Friedrich Christian Glume d. J. erbaut) ersteigen wir die breite Freitreppe zur **Historischen Mühle**. Hier wenden wir uns nach rechts, überqueren die Bornstedter Straße und kommen über Voltaireweg, Reiterweg zur Alleestraße und zum **Neuen Garten** (1:45 Std.) Geradeaus gehen wir zum **Schloß Cecilienhof** (Wegweiser), folgen dann dem Weg zum Grünen Haus und überqueren den Hasengraben, eine Verbindung zwischen dem Heiligensee und dem Jungfernsee. Auf der Seestraße am Ufer des Heiligensees gelangen wir über die Kurfürstenstraße zur Friedrich-Ebert-Straße beim **Nauener Tor**, in die wir nach links schwenken und über die Lange Brücke den Hauptbahnhof erreichen (3 Std.).

Special

Highlight in Potsdam: Schloss und Park Sanssouci (1747), die Sommerresidenz Friedrichs des Großen; »Moschee« – Dampfmaschinenhaus am Havelufer für die Wasserspiele im Park Sanssouci (1842); Belvedere auf dem Pfingstberg; Russische Kolonie Alexandrowka (1826); Neuer Garten mit Marmorpalais und Schloss Cecilienhof (1917); Holländisches Viertel (18. Jh.); Alter Markt mit Nikolaikirche und historischem Rathaus (18. Jh.); Fußgängerzone Brandenburger Straße.

2 Um den Schwielowsee

Überraschung Bonsaigarten: Caputh – Ferch – Bonsaigarten – Petzow – Franzensberg – Caputh

 mittel

 18 km

 4½ Std.

 130 m

 ja

Tourencharakter: Schöne Wald- und Wiesenwanderung auf bequemen Wegen.
Beste Jahreszeit: Frühjahr bis Herbst.
Ausgangs-/Endpunkt: Bahnhof Caputh.
Wanderkarte: Kompass Wander- und Radtourenkarte Nr. 745 Havelland, 1:50 000.
Markierung: Roter Querstrich, IVV 4, grüner Querstrich.
Verkehrsanbindung: Autobahn A 10 Berliner Ring, Ausfahrt Potsdam Süd, auf B 2 Richtung Potsdam, in Michendorf nach Caputh abbiegen. Von Berlin mit S-Bahn bis Potsdam Hbf., weiter mit Bus 607 nach Caputh.
Einkehr: Petzow: Hotel Schloß Petzow, Zelterstraße 5. Caputh: Landhaus Haveltreff, Weinbergstraße 4.
Unterkunft: Caputh: Märkisches Gildehaus, Tel. 033209/7 02 65, Fax 033209/7 08 36. Wirtshaus Schwielowsee, Tel./Fax 033209/7 02 53. Ferch: Pension am Schwielowsee, Tel./Fax 033209/7 09 83.
Tourist-Info: Fremdenverkehrsverein Schwielowsee, Lindenstraße 56, 14548 Caputh, Tel. 033209/7 08 99, Fax 033209/7 08 86, E-Mail: fvv@schwielowsee.de

Vielfältig sind die Eindrücke bei einer Wanderung um den Schwielowsee, denn neben der schönen Landschaft und kulturhistorischen Sehenswürdigkeiten lohnt sich auch ein Besuch im Bonsaigarten in Ferch.

Der Wegverlauf

Die Fischerkirche in Ferch ist ein hübscher Fachwerkbau.

Wir starten am Bahnhof in **Caputh**, gehen nach rechts zur Fähre und lassen uns über die Havel setzen. Wir gehen die Uferpromenade entlang (Markierung roter Querstrich), unterqueren die Eisenbahnbrücke und gelangen zum Bahnhof Schwielowsee. Dort wenden wir uns nach rechts, folgen am Ortsausgang dem Wegweiser Ferch/Petzow durch Wald, bis wir beim Ortsteil Flottstelle die Straße von Caputh nach Ferch überqueren. Wir folgen kurz vor dem Orts-

ausgangsschild dem Wegweiser nach **Ferch** bis zu einem Kiefernforst, halten uns an dessen Ende halb links und folgen abermals dem Wegweiser nach Ferch. Über Burgstraße und den Schwarzen Weg kommen wir zur Straße Caputh–Ferch, halten uns rechts und gelangen zum Weg am **Schwielowsee**. Wir schwenken nach links, gehen an der Schiffsanlegestelle vorbei am See entlang (Markierung IVV 4), schwenken bei einer Wasserwirtschaftsanlage nach links. Auf einer Straße biegen wir nach rechts und gehen auf dieser bis **Löcknitz** (2 Std.).

Vor der Pension Seeblick folgen wir dem Wegweiser nach Petzow, überqueren dann eine Brücke zwischen Schwielowsee und Haussee und gehen direkt auf das Hotel **Schloß Petzow** (1662 erbaut) zu.

Vom Schloß wandern wir in Ufernähe durch den Park zur Straße Petzow–Baumgartenbrück und wenden uns rechts. Bei der Gaststätte Holländer Mühle gehen wir entlang der B 1 zur Baumgartenbrücke, überqueren die Havel und steigen nach der Bushaltestelle Treppen hinauf (Wegweiser Geltow/Potsdam). Mit der Markierung grüner Balken erreichen wir den **Franzensberg**, kommen zu einem Wegdreieck und folgen auf der anderen Seite der Markierung grüner Balken auf einem Waldweg weiter. Dort, wo nach etwa 60 m der Wanderweg

nach Potsdam abbiegt, gehen wir geradeaus weiter, biegen bei der folgenden Gabelung nach links und kommen bei der Straße Caputh–Geltow zum Wegweiser zur Fähre. Auf einer Brücke zwischen Petzien- und Schwielowsee überqueren wir den Wentorfgraben und erreichen den Bahnhof **Caputh** (4:30 Std.).

3 Zu den »Glindower Alpen«

Blütenfest bei Werder: Ziegeleimuseum Glindow – Glindower Alpen – Ziegeleimuseum Glindow

⭕	leicht
🏃 km	6,5 km
🕐	1¾ Std.
⛰	gering
😊	ja

Tourencharakter: Wenig anspruchs-volle Wanderung, vorwiegend durch Wald, vom Plateau schöne Aussicht auf Werder und die Seenlandschaft.

Beste Jahreszeit: Frühjahr zur Baumblüte.

Ausgangs-/Endpunkt: Ziegeleimuseum in Glindow.

Wanderkarte: Kompass Wander- und Radtourenkarte Nr. 745 Havelland, 1:50 000.

Markierung: Keine.

Verkehrsanbindung: Autobahn A 10 Berliner Ring, Ausfahrt Phöben, auf Phöbener Straße über Werder nach Glindow. Busverbindung mit Werder.

Einkehr: Glindow: Café und Restaurant Alpenbüdchen, Alpenstraße 4b; Gasthaus Zum grünen Baum, Chausseestraße 92.

Unterkunft: Glindow: Gasthaus und Pension Zum Grünen Baum, Tel./Fax 03327/4 27 96; Restaurant und Pension Porta Helena, Tel. 03327/4 68 90, Fax 03327/46 89 13.

Tourist-Info: Tourismusbüro der Stadt Werder (Havel), Kirchstraße 6–7, 14542 Werder (Havel), Tel. 03327/78 33 74, Fax 03327/78 33 22, E-Mail: werder-tourismus@t-online.de

Schon Theodor Fontane war von der havelländischen Landschaft begeistert, die besonders schön zur Obstbaumblüte ist. Dann erstrahlen die ausgedehnten Plantagen in Weiß und zartem Rosa, der beste Zeitpunkt auch für die Wanderung in den »Glindower Alpen«.

Der Wegverlauf

Wir starten beim **Ziegeleimuseum** in **Glindow**, gehen die Alpenstraße in Richtung Ort und sehen nach 10 Min. links einen Wegweiser »Glindower Alpen«. Hier halten wir uns links und kommen zum Wegweiser »Aufstieg Plateau«. Nun folgen wir den Stufen aufwärts, gehen auf schmalem Pfad weiter und gelangen zu einer runden Schutzhütte. Es bietet sich eine schöne Aussicht auf den **Glindower See** und nach Werder.

Wir folgen von der Schutzhütte aus dem linken Pfad weiter bis zu einem Querweg. Hier wenden wir uns nach links (als Merkmal bietet sich ein Was-

3

sersperrhahn an) und kommen zu einer Bank mit Informationstafel über die Spechtarten der Region. Über einige Stufen aufwärts erreichen wir einen Fahrweg, wenden uns hier links und gehen an einem Holzgeländer am Natur-

schutzgebiet entlang. An der nächsten Gabelung schwenken wir nach links, gehen an der folgenden Abzweigung geradeaus weiter und erreichen bald das Ende einer intakten Holzbegrenzung (1 Std.). Dort führt links ein schmaler Pfad abwärts, an einer Bank vorbei in den Schluchtwald.

Unser Wanderweg führt über eine defekte Holzbrücke (ist seitlich zu umgehen) und über einige Stufen wieder aufwärts. Schließlich gelangen wir auf einem breiten Waldweg zum Fahrweg bei der Kleingartenanlage »Am Alpenrand« und wenden uns hier nach links. In wenigen Minuten schließt sich unsere Runde, denn wir kommen zur Treppe beim Wegweiser »Aufstieg Plateau«. Nun gehen wir auf bekanntem Weg zum **Ziegeleimuseum** zurück (1:45 Std.)

Das Blütenfest in Werder zieht jedes Jahr viele Besucher in die Obstgärten.

4 Durch das Briesetal

Natur pur an der Briese: Zühlsdorf – Briesetal – Naturlehrkabinett – Hubertusbrücke – Borgsdorf

○	leicht
🚶🚶 km	12 km
🕐	3 Std.
⛰	keine
☺	ja

Tourencharakter: Angenehme Streckenwanderung auf bequemen Wegen, vorwiegend im lichten Schatten.
Beste Jahreszeit: Frühjahr bis Herbst.
Ausgangspunkt: Bahnhof Zühlsdorf.
Endpunkt: S-Bahnhof Borgsdorf.
Wanderkarte: Kompass Wander- und Radtourenkarte Nr. 743, Ruppiner Land, 1:50 000.
Markierung: Blauer Querstrich, blauer Punkt, roter Querstrich.
Verkehrsanbindung: Von Berlin-Karow mit Regionalbahn RE 27 bis Zühlsdorf.
Einkehr: Zühlsdorf: Gaststätte Zum Lindenwirt, Dorfstraße. Briesetal:

Imbiß beim Alten Forsthaus, Fr Ruhetag. Borgsdorf: Landgasthaus Borgsdorf, Friedensallee 2, Di Ruhetag.
Unterkunft: Birkenwerder: Andersen Hotel, Tel. 03303/29 46-0, Fax 03303/29 46-155. Oranienburg: Hotel An der Havel, Tel. 03301/69 20, Fax 03301/69 24 44; Gasthof Oranjehus, Tel. 03301/70 12 44, Fax 03301/70 12 46.
Tourist-Info: Fremdenverkehrsverein Oranienburg und Umland e.V. Bernauer Straße 52, 16515 Oranienburg, Tel. 03301/70 48 33.
www.tourismus-or.de

Das Briesetal nördlich von Berlin ist seit jeher ein beliebtes Wanderziel. In diesem landschaftlichen Kleinod mit seiner reizvollen und vielgestaltigen Natur beiderseits des Flüsschens Briese lässt sich fast zu jeder Jahreszeit gut wandern.

Tipp

Zühlsdorf ging aus einem kleinen Straßendorf inmitten einer schönen Landschaft mit zahlreichen Badeseen hervor. Zu Beginn des 20. Jh. entdeckten die Berliner dieses reizvolle Fleckchen als Ausflugsziel, und auch der Schriftsteller Carl Zuckmayer genoss hier Ruhe und Erholung.

Der Wegverlauf

Vom Bahnhof in **Zühlsdorf** gehen wir die Bahnhofstraße entlang, halten uns an einer mächtigen Eiche mit Bank

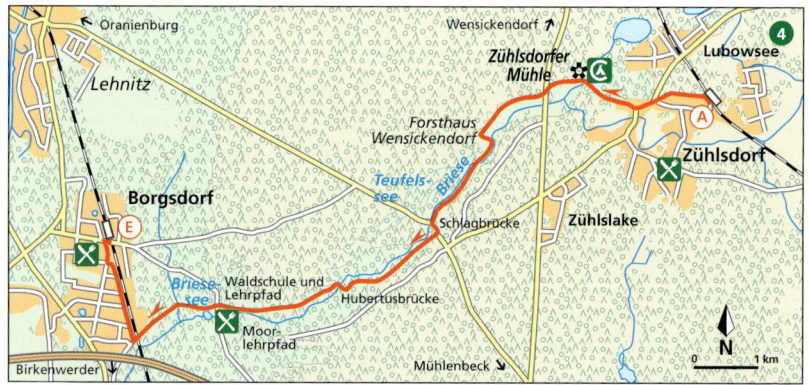

links und folgen der Dorfstraße bis zur Ortsmitte. Kurz vor der Gaststätte »Zum Lindenwirt« biegen wir rechts in die Mühlenstraße ein und wandern durch Mischwald. Am Campingplatz »Zühlsdorfer Mühle« vorbei kommen wir zur Zühlsdorfer Mühle (45 Min.), biegen hier nach links und erreichen auf dem Brieseweg die Straße nach Wensickendorf. Sie wird überquert, und auf einem Forstweg (Markierung blauer Punkt) kommen wir zum Alten Forsthaus mit Imbiß.

Geradeaus weiter (Markierung roter Querstrich) führt der Weg durch lichten Laubwald und nähert sich kurz vor der Straße Summt–Lehnitz der **Briese**. Wir steigen einige Stufen aufwärts, überqueren die Straße und steigen wieder über eine

Durch das romantische Briesetal führt ein schöner Wanderweg.

Treppe zur Briese hinab. Nun wandern wir auf schönem Waldweg bis zur **Hubertusbrücke** (1:45 Std.), wo sich ein Abstecher zum Naturlehrkabinett anbietet.

Wir überqueren die Hubertusbrücke und folgen dem Lauf des Flüsschens weiter (Markierung roter Querstrich).

Auf einer Lichtung bietet sich am Rande einer Wiese ein überdachter Sitzplatz zum Verschnaufen an. Unseren Wanderweg begleitet ein Lehrpfad mit Fledermaussommerquartier, Wildbienennisthilfe, einem Lesesteinhaufen, der zahlreichen Tieren einen Lebensraum bietet. Wir kommen zu einer kleinen Anhöhe mit Kreuzung, gehen geradeaus weiter und überqueren die Straße in Briese. Nun folgen wir der Markierung gelber Punkt und gelber Querstrich am **Briesesee** mit Badestelle vorbei bis zu einer Wegkreuzung mit überdachten Sitzplatz. Hier wenden wir uns nach links, unterqueren die S-Bahngleise, schwenken scharf nach rechts und erreichen entlang der Bahngleise den S-Bahnhof **Borgsdorf** (3 Std.).

5 Rund um den Lehnitzsee

Imposante Lehnitzschleuse: Oranienburg – Lehnitzsee – Lehnitzschleuse – Lehnitz

○	leicht
🏃 km	7,5 km
◷	2 Std.
⛰	keine
☺	ja

Tourencharakter: Streckenwanderung auf schönen Wald- und Wiesenwegen, am Seeufer zahlreiche Durchblicke und Liegewiese mit Badestelle.
Beste Jahreszeit: Frühjahr bis Herbst.
Ausgangspunkt: S-Bhf. Oranienburg.
Endpunkt: S-Bhf. Lehnitz.
Wanderkarte: Kompass Wander- und Radtourenkarte Nr. 743, Ruppiner Land, 1:50 000.
Markierung: Grüner Querstrich.
Verkehrsanbindung: Autobahn A 10 Berliner Ring, Ausfahrt Birkenwerder, auf B 96 nach Oranienburg. Von Berlin mit S-Bahn bis Oranienburg.
Einkehr: Oranienburg: Bistro Spatennest, Stralsunder Straße. Am Lehnitz-

see: Eiscafé Dietrich, geöffnet Mai–August täglich 13.00–20.00 Uhr, April und September 13.00–18.00 Uhr, Mo, Di Ruhetag, März, Oktober–Dezember Sa, So 13.00–18.00 Uhr, Januar, Februar geschlossen. Lehnitz: Schweizer Haus mit Biergarten, am S-Bahnhof.
Unterkunft: Oranienburg: Hotel An der Havel, Tel. 03301/69 20, Fax 03301/69 24 44. Gasthof Oranjehus, Tel. 03301/70 12 44, 03301/70 12 46.
Tourist-Info: Fremdenverkehrsverein Oranienburg und Umland e.V. Bernauer Straße 52, 16515 Oranienburg, Tel. 03301/70 48 33.
www.tourismus-or.de

Eng mit dem Wirken der Kurfürstin Luise-Henriette sind mehrere Baudenkmäler in Oranienburg verbunden. Nach einer erholsamen Wanderung um den Lehnitzsee lohnt sich ein Stadtspaziergang mit dem Besuch des Schlosses.

Der Wegverlauf

Wir starten am S-Bahnhof in **Oranienburg**, wenden uns am Bahnhofsvorplatz nach links und gelangen über die Stralsunder Straße zur D.-Heinrich-Byk-Straße. Dort wenden wir uns nach links (Markierung grüner Querstrich), unterqueren die Bahngleise, überqueren die André-Picard-Straße und gelangen über die Heidelberger

Special

5

Straße zur Wörthstraße. Dort biegen wir nach rechts und kommen zum Lehnitzsee beim Eiscafé Dietrich. Es folgt ein schöner Uferweg, der auf die B 278 mündet (45 Min.). Von hier bietet sich ein imposanter Blick zur **Schleuse Lehnitz**, die den Höhenunterschied zwischen dem **Oder-Havel-Kanal** und dem Lehnitzsee überbrückt. Wir überqueren die Brücke und folgen einem Waldweg (Markierung grüner Querstrich) parallel zum anderen Seeufer. Der Weg führt durch lichten Laubwald und gibt den Blick über den See zum Schwemmkegel am Stintgraben auf der gegenüberliegenden Seeseite frei. Der Stintgraben verbindet den Lehnitzsee mit dem Grabowsee, beide liegen in einer ehemaligen Schmelzwasserrinne. Der Wanderweg führt an einer Liegewiese mit Sandstrand vorbei, zieht sich mal näher, mal weiter entfernt am Seeufer entlang und erreicht die **Seepromenade** mit schönen Häusern, die bereits zu **Lehnitz** gehören. Über den Badeweg kommen wir zur Florastraße, halten uns hier rechts und kommen zum S-Bahnhof Lehnitz (2 Std.).

Die Lehnitzer Doppelschleuse zwischen dem Oder-Havel-Kanal und dem Lehnitzsee.

6 Um den Wutzsee bei Lindow

Auf dem Naturlehrpfad: Lindow – Klostermühle – Badestelle – Baumgartenbrücke – Kloster – Lindow

leicht

8 km

2¼ Std.

keine

ja

Tourencharakter: Schöne Waldwanderung auf breiten Wegen, viel Schatten im Buchenwald, zwei Badestellen und zahlreiche Bänke laden zur Rast ein.
Beste Jahreszeit: Frühjahr bis Herbst.
Ausgangs-/Endpunkt: Lindow, Markt.
Wanderkarte: Kompass Wander- und Radtourenkarte Nr. 743, Ruppiner Land, 1:50 000.
Markierung: Grüner Querstrich.
Verkehrsanbindung: Autobahn A 24 Berlin–Hamburg, Ausfahrt Schwante, über Kremmen, Herzberg nach Lin-

dow. Bahn: Prignitz-Express RE 6 von Berlin im 2 Std.-Takt bis Lindow.
Einkehr: Lindow: Gasthaus Am Gudelacksee, Am Gudelacksee 2a.
Pension & Restaurant Klosterblick, Am Wutzsee 53.
Unterkunft: Hotel Krone, Tel. 033933/6 11-0, Fax 033933/6 11 21.
www.Hotel-Krone-Lindow.de. Pension Kantorhaus, Tel./Fax 033933/7 19 74.
Tourist-Info: Fremdenverkehrsamt der Stadt Lindow/Mark,
Straße des Friedens 20, 16835 Lindow, Tel. 033933/7 02 97.

Das hübsche Städtchen Lindow liegt malerisch zwischen dem Wutzsee und Gudelacksee im Herzen des Ruppiner Landes. Hier fühlen sich nicht nur die zahlreichen Wasserwanderer wohl, die im Bootshafen am Gudelacksee vor Anker gehen, sondern auch Wanderer, die auf Schusters Rappen die reizvolle Umgebung kennen lernen möchten. Dazu gehört auch eine Umrundung des Wutzsees auf dem Naturlehrpfad.

Blick über den Lindower Wutzsee zur Klostermühle.

Der Wegverlauf

Wir starten am Marktplatz in **Lindow**, gehen wir die Straße Am Wutzsee bis zum See und wenden uns dort nach rechts. An der **Klostermühle** vorbei kommen wir nun zur Gaststätte Klosterblick, wo wir nach links schwenken und zur Tafel »Naturlehrpfad um den Wutzsee« ge-

6

langen (Markierung grüner Querstrich). Der Weg führt zunächst an Wassergrundstücken vorbei und erreicht die erste Badestelle am See mit Liegewiese (20 Min.).

Dort steigen wir die Treppe aufwärts und folgen dem Waldweg nach links am hohen Ufer des **Wutzsees**. Durch Mischwald aus Kiefern, Eichen, Ahornen gelangen wir zur zweiten Badestelle mit Liegewiese (45 Min.). Es folgt ein herrlicher Waldweg, der schließlich zur **Baumgartenbrücke** hinabführt, über die wir den Zufluß vom Huwenow- zum Wutzsee überqueren. Eine Informationstafel und eine Sitzgelegenheit laden zur Rast ein (1:30 Std.). Auf der anderen Seite geht es auf einigen Stufen aufwärts und durch lichten Kiefernwald zum Hexentanzplatz, wo wieder eine Informationstafel steht. Durch einen wunderschönen Akazienwald kommen wir zu einem Sitzplatz mit schöner Aussicht hinüber zur **Klostermühle**. Unser Weg führt dann durch ei-

> **Tipp**
> Berühmte Köstlichkeiten der Kochkunst dieser Region sind »Lindower Zanderterrine«, und »Märkische Wildpfanne«, im Hotel Krone wird als Hausspezialität die »Original Lindower Karpfenbratwurst« serviert.

nen Erlen-Birkenbruch, ein Vogelschutzgebiet mit dichten Röhrichtbeständen, umgestürzten Bäumen, Farnen und zahlreichen Sumpfpflanzen. Allmählich nähern wir uns dem **Klosterkomplex**, wo rechts die von Efeu bewachsene Ruine des Konventhauses zu sehen ist (2 Std.). Im ehemaligen Klostergelände ist heute ein Alten- und Pflegeheim untergebracht.

Unser Wanderweg erreicht wieder die Straße Am Wutzsee, auf der wir zum Ausgangspunkt zurückgehen (2:15 Std.).

7 Zwischen Tornowsee und Kalksee

Rast in der Boltenmühle: Waldmuseum Stendenitz – Boltenmühle – Kalksee – Binenwalde – Boltenmühle – Forsthaus Rottstiel – Waldmuseum Stendenitz

mittel

16 km

4 Std.

keine

ja

*Das Wald-
museum in
Stendenitz*

Tourencharakter: Vorwiegend Wald-
wanderung auf breiten Wegen,
viel Schatten, schöne Aussichten auf
Seen, mehrere Bademöglichkeiten.
Beste Jahreszeit: Frühjahr bis Herbst.
Ausgangs-/Endpunkt: Stendenitz,
Waldmuseum.
Wanderkarte: Kompass Wander- und
Radtourenkarte Nr. 743, Ruppiner
Land, 1:50 000.
Markierung: Blauer Querstrich, sehr
lückenhaft, Orientierung nach Weg-
weiser und Wegbeschreibung.
Verkehrsanbindung: Von Neuruppin
auf der Straße Richtung Flecken-
Zechlin, beim Abzweig nach Stende-
nitz zum Waldmuseum.

Einkehr: Unterwegs: Restaurant
Am Rottstielfließ, am Campingplatz;
Gasthof und Restaurant Boltenmühle.
Binenwalde: Gaststätte Hacker mit
Biergarten, Seestraße 42; Gaststätte
Futterkrippe, Seestraße 32.
Unterkunft: Neuruppin: Hotel Bran-
denburger Hof, Tel. 03391/45 36-0,
Fax 03391/45 36-202; Hotel Berliner
Hof, Tel. 03391/35 86 62, Fax 03391/
35 86 64; Pension Vogler, Tel. 03391/
84 11 14, Fax 03391/84 11 15.
Tourist-Info: Tourismusverband
Ruppiner Land, Fischbänkenstraße 8,
16816 Neuruppin, Tel. 03391/35 78 90,
Fax 03391/35 79 07, E-Mail:
ruppinerland@ibs-brandenburg.de

Tornowsee und Kalksee sind zwei malerisch
gelegene Seen im Ruppiner Land, zwischen
denen die Boltenmühle als Ausflugsgast-
stätte schon seit Generationen Gäste an-
zieht. Im Jahre 1992 fast vollständig ab-
gebrannt, wurde sie inzwischen in alter
Schönheit wieder aufgebaut. Eine Wanderung dorthin – mit zahlreichen Bademöglichkeiten – gehört zu den schönsten Natur-
erlebnissen in der Region.

Der Wegverlauf

Vom **Waldmuseum Stendenitz** gehen wir auf der Kopfsteinpflasterstraße bis zur Kreuzung, wenden uns hier nach rechts und wandern

Special

Die Boltenmühle wurde 1718 auf Geheiß des Preußenkönigs Friedrich Wilhelm I. vom Müller Hans-Joachim Boldte aus Rathenow errichtet. Einst war sie
eine durch den Binenbach angetriebene Schneidemühle, später kam eine
Mahlmühle dazu. Als Ausflugs- und Fremdenheim wurde die Mühle 1932 eingerichtet, und seit 1939 gibt es hier eine Gaststätte. Seitdem ist die Boltenmühle wegen ihrer malerischen Lage ein beliebtes Ausflugsziel. Angeboten
werden Gerichte der märkischen Küche, Fisch aus dem Tornowsee und Wild
aus den Wäldern der Umgebung.

auf dieser Straße weiter bis zum Forsthaus Rottstiel. Dort halten wir uns beim Wanderparkplatz nach links (Wegweiser Boltenmühle) und folgen der Markierung blauer Querstrich auf breitem Weg durch Buchenwald am Westufer des **Tornowsees** entlang. Unser Wanderweg mündet auf den Fontaneweg und mit ihm zum **Kunsterbach**, den wir auf einer Brücke überqueren. Wir gelangen nach einer Schranke auf einen Querweg, schwenken hier nach rechts und wandern auf einer Asphaltstraße in Richtung Boltenmühle. Nach einem Parkplatz verlassen wir die Straße und folgen nun dem Pfad unmittelbar am Ufer des **Tornowsees** entlang zur **Boltenmühle**, wo sich eine Rast lohnt (1:15 Std.).

Neben dem gesamten Ambiente der Boltenmühle gehört der durch die Gaststube fließende **Binenbach** zur besonderen Attraktion. **Variante:** Wer die Wanderung abkürzen möchte, folgt bei der Boltenmühle dem Wegweiser Waldmuseum Stendenitz 5,5 km.

Wir folgen dem Wegweiser zum **Binenbach** und erreichen an seinem Ufer entlang den Kalksee. Dort überqueren wir den Bach auf einer Brücke und wandern nun am Ufer des **Kalksees** entlang nach **Binenwalde**. Unterwegs lädt eine Badestelle zum Verweilen

7

ein, bevor wir den Ort erreichen (1:45 Std.). Hier feiert man jedes Jahr im August das Sabinenfest in Gedenken an die schöne Sabine (1715–1783), die einst die Geliebte von Kronprinz Friedrich war.

Wir gehen auf der Asphaltstraße durch Binenwalde, wandern neben der Straße in Richtung Gühlen-Glienicke zu einem Parkplatz, wo sich die Gelegenheit bietet, an einer FKK-Badestelle am Kalksee eine Pause einzulegen.

Nach der Rast führt unser Weg neben der Straße weiter, bis wir sie beim Wegweiser Boltenmühle 3 km (etwas versteckt) verlassen, um nach links auf einen Pfad einzuschwenken. Nun folgt ein schöner Weg durch Buchenwald, zwischen dem See auf der einen Seite und auffälligen Erosionshügeln auf der anderen Seite. Wir gelangen zur Brücke über den Binenbach und kommen auf bekanntem Weg zur Boltenmühle zurück.

Dort gilt der Wegweiser Waldmuseum Stendenitz, dem wir auf breitem Weg durch Buchenwald folgen. Auf einer Fahrstraße schwenken wir nach rechts und kommen zum

Ein schöner Wanderweg führt von der Boltenmühle zum Kalksee.

Campingplatz am Rottstielfließ mit Liegewiese und Badestelle sowie dem Restaurant Am Rottstielfließ. Weiter führt unser Weg über das Rottstielfließ zum Forsthaus Rottstiel, um dort dem Wegweiser Stendenitz 1,2 km auf bekanntem Weg zum **Waldmuseum** zu folgen (4 Std.).

Zum Naturschutzgebiet Wittwesee

Mit Fritzchen unterwegs: Rheinsberg – Paulshorst – Wittwesee – Feldgrieben – Rheinsberg

8

Tourencharakter: Angenehme Waldwanderung auf breiten Wegen, schöne Ausblicke zum Wittwesee, mehrere idyllische Badestellen.
Beste Jahreszeit: Sommer und Frühherbst.
Ausgangs-/Endpunkt: Rheinsberg, Markt.
Wanderkarte: Kompass Wander- und Radtourenkarte Nr. 743, Ruppiner Land, 1:50 000.
Markierung: Blauer Querstrich, grüner Querstrich.
Verkehrsanbindung: Autobahn A 24 Berlin–Hamburg, Ausfahrt Neuruppin, auf B 167 über Neuruppin nach Rheinsberg.
Einkehr: Rheinsberg: Ratskeller Rheins-

berg, Markt 1. Gasthaus-Brauerei Zum Alten Brauhaus, Rhinhöher Weg 1; Gast- und Logierhaus Zum jungen Fritz, Schloßstraße 8.
Unterkunft: Rheinsberg: Der Seehof Rheinsberg, Tel. 033931/4 03-0, Fax 033931/4 03 99; Gast- und Logierhaus Zum jungen Fritz, Tel. 033931/ 40 90, Fax 033931/4 09 34; Haus Rheinsberg Hotel am See, Tel. 033931/3 46 96, Fax 033931/3 46 97, E-Mail: post@hausrheinsberg.de, www.hausrheinsberg.de
Tourist-Info: Touristinformation des Verkehrsvereins Rheinsberger Seenkette e.V., Kavalierhaus/Markt, 16831 Rheinsberg, Tel. 033931/20 59.

 leicht

 15,5 km

 4 Std.

 keine

☺ ja

Der Wittwesee liegt umgeben von dichten Wäldern in einer fast unberührten Landschaft. Nur selten trifft man auf Badegäste, die das klare Wasser des Sees schätzen und eine der zahlreichen idyllischen Badestellen aufsuchen. Die Figur des Fritzchen – vom Alten Fritz abgeleitet – begleitet den Wanderer auf dieser schönen Tour.

Der Wegverlauf

Wir starten am Markt in **Rheinsberg** gegenüber vom Schloßparkeingang und gehen die Schloßstraße bis zur Paulshorster Straße. Dort wenden wir uns nach links und folgen ihr (Markierung blauer Querstrich) zum Ortsausgang, gehen dort auf dem Plattenweg weiter durch Wald und kommen nach **Paulshorst** (45 Min.). Wir wandern geradeaus auf einem breiten Fahrweg

8

weiter und kommen an vier großen Findlingen vorbei, die kurz vor einem Bahnübergang auf der linken Seite im Wald liegen. Unser Weg führt über die Bahngleise weiter und erreicht den **Wittwesee**, ein Naturschutzgebiet mit einzigartiger Unterwasserflora und -fauna. Wir kommen zu einem überdachten Sitzplatz mit Informationstafel und können dort an mehreren idyllischen Badebuchten eine Pause einlegen (1:15 Std.).

Tipp

Im nahen Neuruppin schuf Georg Wenzeslaus von Knobelsdorff zwischen 1732 und 1736 für den damaligen Kronprinzen den Tempelgarten – auch als Amaltheagarten bekannt. Mitte des 19. Jh. erhielt der Garten mit türkischer Villa und einer Mauer im maurischen Stil ein orientalisches Gesicht, gleichzeitig wurden Sandsteinfiguren aus dem 18. Jh. aufgestellt.

Unser Waldweg folgt weiter dem breiten Waldweg (Markierung blauer Querstrich), der bei der nächsten Info-Tafel einen Rechtsbogen beschreibt und gemeinsam mit der Markierung grüner Querstrich nach **Feldgrieben** führt (1:45 Std.).

Schloss Rheinsberg liegt malerisch am Grienericksee.

Wir bleiben auf dem breiten Weg und wandern zwischen Wiesenflächen in einen Kiefernwald. An einem überdachten Sitzplatz schwenken wir nach rechts (Wegweiser Wittwesee, Kölpinsee) und folgen unserem breiten Weg durch Mischwald (Markierung

8

*Der Tempel-
garten in
Neuruppin
bietet orienta-
lisches Flair.*

grüner Querstrich), der an einem Sumpf-
gebiet mit dem seltenen Sumpfporst und
Wollgras vorbei führt. An der folgenden
Weggabelung schwenken wir nach rechts
(Wegweiser   Kölpinsee,   Wittwesee,
Rheinsberg), wählen an der folgenden
Gabelung ohne Markierung den linken
Weg und folgen am nächsten Abzweig
dem Wegweiser Wittwesee nach rechts.
Nun wandern wir durch Mischwald aus
Kiefern, Buchen und Eichen, wählen an
der folgenden Gabelung (Wegweiser
Feldgrieben) den linken Weg und wan-
dern nun geradewegs – immer auf dem
breiten Waldweg bleibend – nach
Rheinsberg, das wir auf der Paulshorster
Straße erreichen. Dort wenden wir uns
nach links und gehen auf bekanntem Weg
zum Ausgangspunkt zurück (4 Std.).

Tipp

Als einer der herausragendsten Architekten Preußens gilt Georg
Wenzeslaus von Knobelsdorff
(1699–1753). Neben dem Bau der
Staatsoper in Berlin sowie Erweite-
rungen und Umbauten von Schlössern in Berlin und Potsdam gehört
der Umbau von Schloss Rheinsberg zu seinem Hauptwerk.

Special

Kurt Tucholsky setzte Rheinsberg
1912 mit seinem »Bilderbuch für
Verliebte« ein literarisches Denkmal, und Friedrich der Große, von
allen »der Alte Fritz« genannt, ver-
brachte im malerisch gelegenen
Schloß Rheinsberg die letzten vier
Jahre seiner Kronprinzenzeit.
Rheinsberg wurde dadurch für die
europäische Geistesgeschichte ein
Symbol friderizianischer Aufklä-
rung. Der Kronprinz befasste sich
mit Philosophie, Geschichte und
Sprachen und pflegte mit einem
Freundeskreis Dichtkunst, Musik
und Theater.

9 Von Neuglobsow zum Stechlinsee

Erinnerung an Fontane: Neuglobsow – Stechlinsee – Polzowkanal – Neuglobsow

mittel

17 km

4¼ Std.

keine

ja

Tourencharakter: Schöne Wanderung auf bequemen Wegen, vorwiegend im Wald, oft sehr reizvolle Aussichten auf den See.
Beste Jahreszeit: Frühjahr bis Herbst.
Ausgangs-/Endpunkt: Neuglobsow, Parkplatz am Ortseingang.
Wanderkarte: Kompass Wander- und Radtourenkarte Nr. 743, Ruppiner Land, 1:50 000.
Markierung: Roter Querstrich, grüner Querstrich.
Verkehrsanbindung: Autobahn A 10 Berliner Ring, Ausfahrt Birkenwerder,

auf B 96 über Oranienburg, Löwenberg, Gransee nach Neuglobsow.
Einkehr: Neuglobsow: Restaurant & Café Haus am Dagowsee, Dorfstraße 9; Restaurant & Logis Luisenhof, Stechlinseestraße 8.
Unterkunft: Neuglobsow: Gaststätte & Pension Fontanehaus, Tel. 033082/ 64 90; Hotel »Brandenburg«, Tel. 033082/65 60 00, Fax 033082/ 65 60 66.
Tourist-Info: Touristinformation des Erholungsortes Neuglobsow, Stechlinseestraße 9, Tel. 033082/7 02 02.

»Zwischen flachen, nur an einer einzigen Stelle steil und quaiartig ansteigenden Ufern liegt er da, rundum von alten Buchen eingefasst, deren Zweige, von ihrer eigenen Schwere nach unten gezogen, den See mit ihrer Spitze berühren«, so schwärmte Theodor Fontane vom Stechlinsee. Wahrlich bietet sich bei einer Umrundung des Sees eine wunderschöne Wanderung.

Der Wegverlauf

Wir starten beim Parkplatz am Ortseingang von **Neuglobsow**, gehen zum Badestrand und schwenken nach links (Markierung roter Querstrich). Am Seeufer entlang erreichen wir das Institut für Gewässerökologie, müssen den Uferweg verlassen und können nach dem Gebäude wieder zum Uferweg zurückkehren. Wir überqueren den **Polzowkanal** auf der Leddernbrück (1:30 Std.) und folgen nun der Markierung gelber

9

Querstrich. Auf schönem Pfad wandern wir am Ufer einer kleinen Halbinsel – **Hölzchen** genannt – entlang.

An einer Schutzhütte treffen wir wieder auf die Markierung roter Querstrich, überqueren den Auslaufkanal am ehemaligen Kernkraftwerk Rheinsberg. Wir gehen nach links über die Brücke, schwenken dann nach rechts und folgen dem Weg in Richtung Nordufer (Markierung grüner Querstrich).

Nun wandern wir auf schönem Weg direkt am See entlang, uralte Buchen hängen weit herab und berühren mit ihren Zweigen die Wasserfläche. Wir passieren das Totalreservat **Stechlin**, das vollkommen naturbelassen ist. Über einen kleinen Rücken gelangen wir wieder zum Seeufer, der Weg wird breiter, und Badebuchten mit Sandflächen laden zum Verweilen ein. Wo unser Wanderweg einen blau markierten Weg tangiert, halten wir uns rechts und gehen auf dem anfangs noch grün markierten Weg am Seeufer weiter. Links erheben sich kleine Hügel, die mit dem Fenchelberg ihren höchsten Punkt erreichen. Wir wandern auf dem Uferweg weiter, kommen am Strandbad vorbei und gehen die **Stechlinseestraße** zurück zum Ausgangspunkt (4:15 Std.).

Tipp

Die Entstehung Neuglobsows geht auf eine Glashütte zurück, die etwa 1780 ihren Betrieb aufnahm und grünes Glas herstellte. Um 1900 begann die Entwicklung zum Erholungsort, denn betuchte Berliner entdeckten die Schönheit der Gegend und bauten prächtige Sommervillen. Als 1928 eine Kleinbahn zwischen Gransee und Neuglobsow gebaut wurde, stieg die Zahl der Besucher sprunghaft. Allerdings wurde das Bahnzeitalter mit der Demontage 1945 beendet, der Tourismus dagegen entwickelte sich bis heute weiter.

Variante: Nach dem Polzowkanal weiter der Markierung roter Querstrich folgen. Nach leichtem Anstieg durch Wald führt der Weg zu einer kleinen Schutzhütte, wo sich mehrere Wege vereinen. Die Variante ist 3,5 km kürzer.

Über die Leddernbrücke am Stechlinsee führt der Wanderweg.

10 Rund um den Roofensee

Auf dem Naturerlebnispfad: Menz – Roofensee – Teufelssee – Roofensee – Menz

 leicht

 9 km

2½ Std.

keine

ja

Tourencharakter: Abwechslungsreiche Wanderung mit schönen Aussichten auf den See, breite Wege wechseln mit Pfaden, mehreren Badestellen laden zum Verweilen ein.
Beste Jahreszeit: Frühjahr bis Herbst.
Ausgangs-/Endpunkt: Menz, NaturPark-Haus Stechlin.
Wanderkarte: Kompass Wander- und Radtourenkarte Nr. 743, Ruppiner Land, 1:50000.
Markierung: Sehr lückenhaft, Angabe im Text.

Verkehrsanbindung: Die B 96 in Gransee oder Altlüdersdorf verlassen, Wegweiser nach Menz.
Einkehr: Menz: Gasthaus & Pension Zum Roofensee, Rheinsberger Straße 2.
Unterkunft: Menz: Gasthaus & Pension Zum Roofensee, Tel./Fax 033082/5 14 87; Waldpark am Roofensee, Tel. 033082/68 80, Fax 033082/68 89.
Tourist-Info: Touristinformation des Erholungsortes Neuglobsow, Stechlinseestraße 9, Tel. 033082/7 02 02.

Das Ufer des Roofensees prägen kleine Buchten und idyllische Badeplätze.

Der Wanderweg um den Roofensee lässt sich mit dem Wald- und Wassererlebnispfad Menz gut kombinieren. Er führt den Besucher an zwanzig Stationen vorbei, die nicht nur für Kinder interessant sind. Im NaturParkHaus kann man eine Broschüre dazu erwerben und einen Rucksack mit Fernglas und Lupe ausleihen.

Der Wegverlauf

Vom **NaturParkHaus** überqueren wir den Friedensplatz, der mit alten Linden bewachsen ist, halten uns dann halb links und gehen die Straße Am Roofensee entlang. Wir überqueren eine Brücke und folgen nun nach links dem Erlebnispfad am **Roofensee**.

Unser Wanderweg wird allmählich breiter, Kiefern und Eichen begleiten uns und nach 30 Min. ist ein idyllischer Rastplatz am See erreicht. An Orgelpfeifenbuchen mit interessantem Wuchs vorbei nähern wir uns einem Campingplatz, wenden uns nach links (Wegweiser Schutzhütte

600 m) und steigen abwärts zum See. Der Pfad führt an Klang-hölzern vorbei, erreicht das Ende des Roofensees sowie eine Feuchtwiese, bis wir an eine Gabelung mit Bank und Wegweiser kommen (1:15 Std.).

Variante: Vom Wegweiser den direkten Weg nach Menz (3,5 km) auf der anderen Seeseite zurückwandern.

Wir folgen dem Wegweiser Menz 7,5 km (Markierung grüner Querstrich) und gehen parallel zum **Polzowkanal** weiter. Der Weg führt durch Buchenwald, quert einen Forstweg und führt nun (nur gelb markiert) zu einer quer verlaufenden Forststraße, die nach links den Polzowkanal überquert. Wir gehen hier geradeaus weiter zum **Teufelssee**, einem stillen Waldsee mit Seerosen (1:30 Std.), wo sich gut rasten lässt. Der Rückweg führt wieder zur Bank an der Feuchtwiese mit Wegweiser, wo wir nun nach rechts dem gelb markierten Pfad folgen.

Als das Polzowfließ 1750 zum Floßkanal ausgebaut wurde, sank der Wasserspiegel des Roofensees. Die Flachwasserbuchten wurden zu Feuchtwiesen und der Wallberg – früher eine Insel – zum Festland. Ein Naturlehrpfad führt in einer Stunde zu Tafeln mit 18 Baumarten und 22 anderen Pflanzen des Wallberges.

Wir überqueren den **Polzowkanal** und folgen der Markierung gelber Querstrich auf breitem Weg. Bei der Ferienhaussiedlung Roofensee verlassen wir den breiten Weg und gehen den Pfad zum Steilhang am **Roofensee**. Auf einem Hochuferweg wandern wir, bis links Treppen abwärts führen und uns auf schmalem Pfad zur großen Badestelle mit Liegewiese führen. Die Wiese überqueren wir und steigen geradewegs zur Schutzhütte auf dem **Wallberg**, auf dem sich schon im 11./12. Jh. eine slawische Siedlung befand. Nach Überquerung des Wallberges wenden wir uns nach links und gelangen in Menz über die Seestraße zum Ausgangspunkt (2:30 Std.).

11 Von Fürstenberg zum Peetschsee

Gemütliche Rast in Steinförde: Fürstenberg/Havel – Havelweg – Steinhavelmühle – Steinförde – Peetschsee – Steinförde – Röblinseesiedlung – Fürstenberg/Havel

 mittel
 22 km
 5½ Std.
 keine
 ja

Tourencharakter: Sehr abwechslungsreiche Wanderung auf breiten Wegen, mehrere Badestellen, zwischen Steinhavelmühle und Steinförde neben verkehrsarmer Autostraße.
Beste Jahreszeit: Frühjahr bis Herbst.
Ausgangs-/Endpunkt: Fürstenberg, Tourist-Information.
Wanderkarte: Kompass Wander- und Radtourenkarte Nr. 743, Ruppiner Land, 1:50 000.
Markierung: Grüner Querstrich, gelber Querstrich, blauer Querstrich.

Verkehrsanbindung: Auf B 96 bis Fürstenberg/Havel.
Einkehr: Steinförde: Gasthaus Haveleck, Dorfstraße 10–11.
Unterkunft: Fürstenberg: Haus an der Havel, Tel. 033093/3 90 69, Fax 033093/3 72 45. E-Mail: haus-an-der-havel.de
Tourist-Info: Tourist-Information, Am Bahnhof, 16798 Fürstenberg/Havel, Tel. 033093/3 22 54, Fax 033093/3 23 07.

Fürstenberg, direkt an der Havel gelegen, gehört erst seit 1990 zu Brandenburg und wird auch gern das »Tor zur Mecklenburger Seenplatte« genannt. Die Havel entspringt im Dambecker See in Mecklenburg und bildet zahlreiche Seen, auch in der Umgebung von Fürstenberg, an deren Ufern schöne Wanderwege entlang führen.

Special

Fürstenberg am Oberlauf der Havel trägt den Beinamen Wasserstadt, denn die aus dem Röblinsee im Westen austretende Havel teilt sich in drei Arme, die in den Baalensee im Südosten und den Schwedtsee im Nordosten münden. Mit dem vierten, künstlich angelegten Schiffahrtskanal bildeten sie drei Inseln, auf denen Fürstenberg im 13. Jh. von askanischen Markgrafen angelegt wurde.

Der Wegverlauf

Wir starten bei der Tourist-Information in **Fürstenberg**, wo wir einen Wanderwegweiser Steinhavelmühle 3,5 km, Steinförde 4,5 km (Markierung blauer Querstrich) vorfinden. Wir folgen ihm durch die Bahnunterführung, kommen am Strandbad vorbei und gelangen über die Schützenstraße und Straße Röblinsee Nord in den Wald. An einer Gabelung folgen wir dem Wegweiser Steinförde, Havelweg und wandern durch hohen Kiefernwald zu einem Sitzplatz am Havelufer (45 Min.).

Unser Weg führt nun am Hang entlang der **Havel**, an einer Gabelung halten wir uns links und kommen zur Straße. Hier schwenken wir wieder nach links und gehen am Rande der Straße auf dem Radweg nach **Steinhavelmühle** (1 Std.).

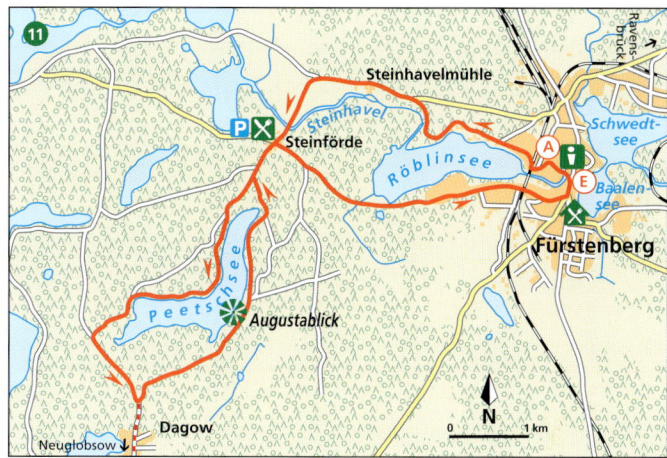

11

Die neugotische Stadtkirche beherrscht den Marktplatz von Fürstenberg/ Havel.

Die folgenden 2 km führen am Rande einer wenig befahrenen Autostraße, links schweift der Blick über eine Endmoränenlandschaft, und an der folgenden Gabelung (Wegweiser Steinförde 1 km) schwenken wir nach links. In **Steinförde** (1:30 Std.) überqueren wir die **Steinhavel** und kommen zur Gaststätte Haveleck, wo sich im kleinen Biergarten eine Rast anbietet.

Dann folgen wir bei der Gaststätte dem Wegweiser Neuglobsow, kommen am Ortsausgang an einem schönen Rastplatz vorbei und wandern auf einer Kopfsteinpflasterstraße bis zu einer Gabelung. Hier wählen wir den rechten Weg (Wegweiser Dagow Nord, Neuglobsow, Markierung gelber Querstrich), gelangen zu einem Parkplatz mit Schlagbaum und folgen nun dem linken Weg zum **Peetschsee**. Am Ufer schwenken wir nach rechts, an einem Rastplatz sehen

11 wir einen Gedenkstein für Achim von Arenstorff (von 1906–1919 Oberförster in Steinförde) und wandern nun auf einem schönen Uferweg durch Wald. Mehrere Badestellen laden zum Verschnaufen ein, bevor wir auf einen breiten Forstweg stoßen. Hier wenden wir uns nach links und kommen zum **Alten Panzergraben** (2:45 Std.).

Variante: Vom Alten Panzergraben dem Wegweiser nach Neuglobsow (Markierung grüner Querstrich) folgen. (Weglänge hin und zurück zusätzlich 1:30 Std.).

Wir folgen weiter der Markierung gelber Querstrich durch Buchenwald bis zum Grenzstein 3050, hier schwenken wir nach links und wenden uns gleich noch mal nach links und folgen nun der Markierung blauer Querstrich. Es erwartet uns ein breiter Weg durch Mischwald, der sich immer mehr dem Hochufer des **Peetschsees** nähert und gelegentlich den Blick auf den See freigibt. Die schönste Aussicht können wir vom berühmten **Augustablick** (3:45 Std.) genießen, der nach der mecklenburgischen Großherzogin Augusta Caroline benannt wurde, die diese Stelle am Ostufer des Sees besonders geliebt haben soll.

Wir folgen der Markierung blauer Querstrich nach **Steinförde**, schwenken bei der Gaststätte Haveleck rechts – nach wenigen Metern sehen wir den Wegweiser Fürs-

Die Havel bei Fürstenberg ist eine wichtige Wasserstraße.

tenberg, Röblinseesiedlung – und wandern nun auf einer Sandstraße in Richtung Fürstenberg. Bei einem Sitzplatz mit großen Findlingen halten wir uns links und genießen auf dem Uferweg am **Röblinsee** die schöne Aussicht. Der Weg führt auf die Steinförder Straße, auf der wir zur Brandenburger Straße gelangen und nach einem Linksschwenk den Ausgangspunkt am Marktplatz in **Fürstenberg** erreichen (5:30 Std.).

Auf dem Woblitz-Rundweg

Wo der Weihnachtsmann sein Postamt hat: Himmelpfort – Moderfitzsee – Großer Lychensee – Lychen – Naturschutzstation Woblitz – Himmelpfort

12

Tourencharakter: Sehr abwechslungsreiche Wanderung auf breiten Wegen, mehrere Badestellen, herrliche Ausblicke über die Seenlandschaft.
Beste Jahreszeit: Frühjahr bis Herbst.
Ausgangs-/Endpunkt: Himmelpfort, Haus des Gastes.
Wanderkarte: Kompass Wander- und Radtourenkarte Nr. 743, Ruppiner Land, 1:50 000.
Markierung: Grüner Querstrich.
Verkehrsanbindung: Auf B 96 von Gransee bis Dannenwalde, über Blumenow und Bredereiche nach Himmelpfort; von Fürstenberg über

Zootzen und Bredereiche nach Himmelpfort.
Einkehr: Himmelpfort: Gasthaus Müllerbeek, Klosterstraße 12b; Restaurant & Café An der Schleuse, Klosterstraße; Mönchsschenke, Klosterstraße.
Unterkunft: Himmelpfort: Gasthaus & Pension Müllerbeek, Tel. 033089/4 30 35. Lychen: Seehotel Lindenhof, Tel. 039888/6 43 10, Fax 039888/6 43 11; Pension Am Zenssee, Tel./Fax 039888/22 47.
Tourist-Info: Fremdenverkehrsverein Lychen, Fürstenberger Straße 11a, 17279 Lychen, Tel. 039888/22 55, Fax 039888/41 78.

 mittel

 21 km

 5 Std.

 keine

😊 ja

Mehrere Seen bestimmen die Landschaft zwischen Lychen und Himmelpfort, dazwischen führen zahlreiche schöne Wanderwege zu Sehenswürdigkeiten und idyllischen Plätzen. Während Lychen wegen seiner reizvollen Lage als Inselstadt berühmt ist,

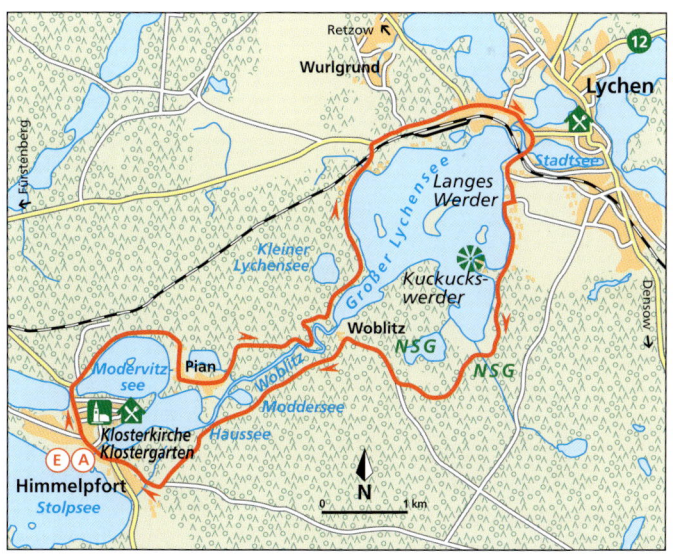

12

hat Himmelpfort neben Klosterruine und Klosterkirche auch ein Weihnachtspostamt zu bieten.

Der Wegverlauf

Wir starten in **Himmelpfort** beim Haus des Gastes und gehen die Klosterstraße in Richtung Havelschleuse. Hier herrscht im Sommer Hochbetrieb, denn die Wassersportler sind recht zahlreich auf den Gewässern zwischen Lychen und Fürstenberg unterwegs und müssen diese Schleuse zwischen Haussee und Stolpsee nutzen. Auf der gegenüberliegenden Seite lädt ein schöner **Klostergarten** mit zahlreichen Heil- und Gewürzkräutern zum Besuch ein, wo so manches Kraut auch zum Verkauf angeboten wird (geöffnet Mo–Fr 9.00–17.00 Uhr, Sa, So 12.00–17.00 Uhr).

Tipp

Für Kinder hat Himmelpfort eine besondere Bedeutung, denn dort öffnet jedes Jahr Mitte November das Weihnachspostamt. Kinder aus aller Welt schreiben an die Adresse des Weihnachtsmannes Briefe, die auch beantwortet werden. Anschrift: Weihnachtsmann, 16798 Himmelpfort.

Beim Beginn der Fürstenberger Straße schwenken wir nach rechts und folgen der Markierung grüner Querstrich. Nach dem Abzweig zur Badestelle am **Moderfitzsee** halten wir uns rechts (Wegweiser Ortsteil Pian) und gehen neben einer schmalen Asphaltstraße durch Kiefernmischwald bis zur nächsten Gabelung. Hier halten wir uns wieder rechts und verlassen am Ortseingang von Pian (45 Min.) die Asphaltstraße nach links (Wegweiser Lychen). Unser Weg führt durch Kiefernwald, der bald von Buchenwald

Die Schleuse von Himmelpfort liegt zwischen Haussee und Stolpsee.

Special

Mit dem Regulieren der Flüsse und dem Ausbau der Schleusen wurden im 18. Jh. die Voraussetzungen geschaffen, dass sich Himmelpfort zu einem Schifferdorf entwickelte. Heute sind es nur noch Freizeitkapitäne, die ihre Boote durch die Gewässer zwischen Himmelpfort und Lychen dirigieren und weiter nach Norden unterwegs sind. Die schönen Landschaften der Uckermark sind ideale Ausflugsziele in unberührter Natur.

abgelöst wird und mündet auf einen Querweg. Hier wenden wir uns nach links und sehen den Kleinen Lychensee durch die Bäume schimmern. Am **Großen Lychensee** auf der rechten Seite des Weges bietet sich eine kleine Badestelle mit Sitzplatz zur Rast an. Unser Wanderweg führt am Ufer an einer Ferienhaussiedlung vorbei, über Gleisanlagen der Draisinenbahn und schwenkt nach rechts (Markierung grüner Querstrich am Baum). Auf einem Pfad wandern wir durch Wald, kommen auf eine Asphaltstraße und wenden uns nach rechts, bis wir wieder an die Bahngleise gelangen. Dort biegen wir nach links und gehen auf einem Pfad bis zur Draisinenstation **Lychen** (2:30 Std.). Auskünfte über Fahrten mit der Draisine gibt es beim Fremdenverkehrsverein Lychen, Fürstenberger Straße 11a, Tel. 039888/22 55.

Über die Bahnhofstraße kommen wir zur Fontanestraße, halten uns rechts und gehen bis zur Post. Dort müssen wir gut auf die rechts abzweigende Markierung grüner Querstrich achten, denn unser Wanderweg überquert die Verbindung zwischen Stadtsee und Großem Lychensee, führt unter Bahngleisen durch und am Strandbad vorbei. Es folgt ein schöner, von Buchen und Weiden gesäumter Uferweg, bis wir etwa 30 Min. nach Lychen

Der Große Lychensee ist ein Eldorado für Wassersportler.

zu einem Wegweiser (Stübnitzsee-Rundweg) kommen, wo wir nach links schwenkend das Ufer verlassen. Auf einem Forstweg folgen wir immer der Markierung grüner Querstrich. Wir kommen an der **Naturschutzstation Woblitz** vorbei, gelangen nach mehrfachem Richtungswechsel zu einem schönen Rastplatz bei der Rosendamm-Ablage, wo vom 18. bis 20. Jh. beim Flößen Holz gelagert wurde, und erreichen schließlich dem Wegweiser Himmelpfort 1 km folgend, den Ausgangspunkt (5 Std.).

13 Um den Kienberg bei Ringenwalde

Auf historischen Pfaden: Ringenwalde – Poratz – Neu Temmen – Hohenwalde – Ringenwalde

 mittel

 15 km

 3¾ Std.

 gering

 ja

Tourencharakter: Abwechslungsreiche Wanderung auf Feld- und Waldwegen, streckenweise auf Kopfsteinpflaster, die letzten 2 km vor Ringenwalde entlang einer stärker befahrenen Landstraße.
Beste Jahreszeit: Frühjahr bis Herbst.
Ausgangs-/Endpunkt: Ringenwalde, Ortsmitte beim Informationszentrum.
Wanderkarte: Kompass Wander- und Radtourenkarte Nr. 744, Schorfheide – Uckermark – Barnim, 1:50 000.
Markierung: Grünes Dreieck.
Verkehrsanbindung: Über die Autobahn A 11, Ausfahrt Britz, über

Joachimsthal, Friedrichswalde nach Ringenwalde.
Einkehr: Ringenwalde: Landgasthof Zum Grünen Baum, Dorfstraße 57, Mittwoch Ruhetag; Gasthof Zur Eisenbahn, Dorfstraße 6.
Unterkunft: Ringenwalde: Landgasthof Zum Grünen Baum, Tel. 039881/3 77; Landferienhof Luisenau, Tel. 039881/2 28.
Tourist-Info: Informationszentrum Am Kreuzdammeck, Dorfstraße 24, 17268 Ringenwalde, Tel. 039881/4 91 31.

Ringenwalde liegt mitten im Biosphärenreservat Schorfheide/Chorin und ist ein idealer Ausgangspunkt für mehrere Wanderungen in die von Endmoränen geprägte Hügellandschaft der südlichen Uckermark. Historische Straßen mit uralten Bäumen, kleine Dorfkirchen in stillen Dörfern und einladende Badeseen prägen das Bild dieser Landschaft.

Die kleine Fachwerkkirche in Neu Temmen entstand 1749.

Der Wegverlauf

Wir starten in der Ortsmitte von **Ringenwalde**, gehen vom Informationszentrum in Richtung Feldsteinkirche aus dem 13. Jh., die ihren Turmaufsatz aus Backstein 1891 erhielt. Sehenswert sind die Glasmalereien von 1599. Wir folgen der Kopfsteinpflasterstraße weiter und verlassen auf einer Lindenallee den Ort. Durch die Bäume schimmert rechts der **Große Kelpinsee** und bald sehen wir links den **Kleinen Kelpinsee**, der dicht mit Seerosen bedeckt ist, unweit der Schutzhütte am Poratzer Kreuz (45 Min.). Hier wenden wir uns nach links, die Landschaft öffnet sich, und Wiesen begleiten unseren Weg nach **Poratz** (1:15 Std.). Dieses Dorf wurde 1375 erstmals erwähnt und erinnert mit Häusern aus Fachwerk und Lehm entlang der Dorfstraße an alte Zeiten.

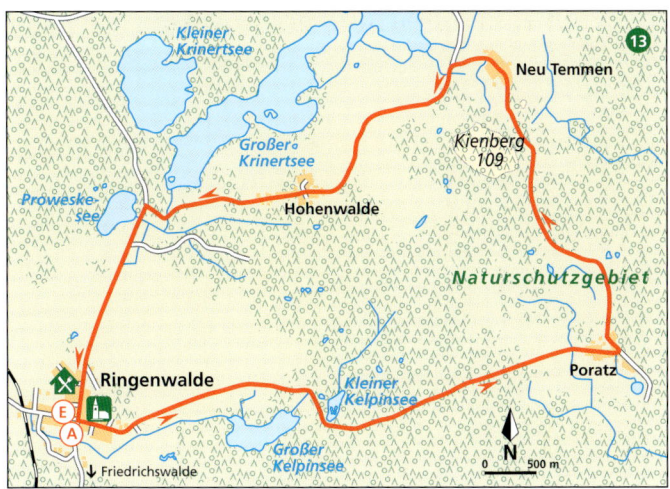

Am Ortsende schwenken wir nach links (Wegweiser Neu Trem-men) und wandern auf fester Sandstraße an alten Linden vorbei zu einem Rastplatz mit Schutzhütte und schöner Aussicht über die Weite der Feldmark. Unser Weg führt in ei-nen Buchenwald, steigt leicht an und am be-waldeten **Kienberg** (109 m) vorbei nach **Neu Temmen**, einer kleinen Gutssiedlung (2:15 Std.). Rechts fällt die kleine Fachwerkkirche auf der höchsten Erhebung des Ortes auf, die 1749 er-richtet wurde.

Unser Weg führt durch das ehemalige Gut derer von Arnim zu Groß Fredenwalde, erkennbar sind die alten Steinpfosten der ehemaligen Begrenzung. Nach Verlassen des Ortes erreichen wir eine Gabelung, hier schwen-ken wir nach links (der Wegweiser Hohenwalde zeigt geradeaus auf ein Grundstück) und wandern auf breitem Weg nach **Hohen-walde** (3 Std.).

Im Ort halten wir uns an der Gabelung links (Radwanderweg-weiser Ringenwalde) und wandern auf einem Weg mit Eichen, Kopfweiden, Schlehen und Hagebutten. Am Großen Krienertsee vorbei – der zum Baden einlädt – gelangen wir zur Landstraße Temmen-Ringenwalde. Hier wenden wir uns nach links und ge-hen am Rande der Straße zurück nach **Ringenwalde** (3:45 Std.).

Tipp

In Hohenwalde befasst sich die Öko-Domäne neben ökologischem Landbau mit der Erhaltung und Vermeh-rung von Haustierrassen, die vom Aussterben be-droht sind. Dazu gehören Skudde-Schafe, Hereford-Rinder und Angler-Sattel-schweine.

14 Zum Wildpferdgehege Liebenthal

Bei den Przewalski-Pferden: Liebenthal – Wildpferdgehege – Liebenthal

○	leicht
🚶🚶 km	5,5 km
🕐	1½ Std.
⛰	keine
☺	ja

Tourencharakter: Bequemer Spaziergang auf breiten Wegen, teilweise im Wald. Im Streichelgehege bietet sich ein ausführlicher Rundgang an.
Beste Jahreszeit: Ganzjährig.
Ausgangs-/Endpunkt: Kirche in Liebenthal.
Wanderkarte: Kompass Spezialwanderkarte Nr. 1040, Schorfheide-Werbellinsee, 1:50 000.
Markierung: Grüner Punkt.
Verkehrsanbindung: Autobahn A 11 Berlin–Prenzlau, Ausfahrt Finowfurt,

auf der B 167 Richtung Neuruppin bis Hammer, dort nach Liebenthal.
Einkehr: Liebenthal: Edelgard's Gaststätte, Dorfstraße.
Unterkunft: Groß Schönebeck: Weidenhof, Tel. 033393/4 23, Fax 033393/6 53 37; Marina Baumgärtner, Tel. 033393/6 50 41, Fax 033393/6 59 16.
Tourist-Info: Schorfheider Fremdenverkehrsverein e.V. Alte Schmiede, Rosenbecker Straße 1a, 16348 Groß Schönebeck, Tel. 033393/6 57 77, Fax 033393/6 57 78.

Die Schorfheide ist durch ihren Wildreichtum bekannt und seit 700 Jahren Jagdgebiet brandenburgischer und preußischer Herrscher. Seit einigen Jahren hat dieses als Biosphärenreservat Schorfheide geschützte Gebiet als besondere Attraktion das Wildpferdgehege in Liebenthal.

Der Wegverlauf

Wir starten bei der Kirche in **Liebenthal**, einem kleinen märkischen Dorf und gehen die Alte Liebenwalder Straße entlang. Wir folgen der Markierung grüner Punkt auf breiter Sandstraße durch hohen Kiefernwald, später Mischwald bis zum **Wildpferdgehege**

(30 Min.). Hier befindet sich das eingezäunte Gelände mit den Przewalski-Pferden, der Stammform aller Hauspferderassen. Sie war in den Steppengebieten der Mongolei heimisch und gilt seit 1968 als ausgerottet. In einem Projekt als Teil eines weltweiten Schutzprogramms werden in Liebenthal, aber auch in anderen Reservaten Jung-

> **Tipp**
>
> Zu empfehlen ist ein Ausflug zum Wildpark Schorfheide in Groß Schönebeck, wo neben Wildtieren auch verschiedene Haustierrassen zu sehen sind. Dazu gehören auch besonders gefährdete Tiere wie Exmoor-Pony, Rauhwolliges Pommersches Landschaf, Skudde-Schaf, Moorschnucken, sowie Wollschweine und andere. In der Ortsmitte von Groß Schönebeck fällt das Jagdschloss auf, das der Große Kurfürst Friedrich Wilhelm 1660 aus einem alten Gemäuer erneuern ließ. Es beherbergt heute das Schorfheide-Museum, in dem über den Naturreichtum der Schorfheide berichtet wird und sich der Besucher über die Arbeitsweise im Biosphärenreservat Schorfheide informieren kann (Tel. 033393/6 52 72 oder 7 03 77).

tiere als Nachkommen von wenigen Exemplaren aus Zoos und privatem Besitz auf die Auswilderung in der mongolischen Steppe vorbereitet. Lohnend ist vor allem ein Spaziergang durch das **Streichelgehege** mit vielen anderen Haustierrassen, zu denen unter anderem **Highland-Rinder** und **Wollschweine** gehören. Nach dem Rundgang setzen wir unsere Wanderung fort, folgen weiter der Markierung grüner Punkt. An der nächsten Gabelung schwenken wir nach rechts und wandern zwischen Tiergehege und Wald zur **Revierförsterei Prötze** (1 Std.).

Hier halten wir uns rechts (Wegweiser Kleiner Rundweg), bleiben bei der nächsten Gabelung halb rechts und kommen auf sandigem Waldweg zum Ortseingang von **Liebenthal**. Auf dem Prötzeweg gelangen wir zur Alten Liebenwalder Straße und nach links zur Kirche (1:30 Std.).

Im Wildpferdgehege Liebenthal führt ein Rundgang zu verschiedenen Tierarten.

15 Von Zerpenschleuse zum Eisenbudersee

Entlang des Finowkanals: Zerpenschleuse – Marienwerder – Eisenbudersee – Ruhlsdorf – Zerpenschleuse

leicht

12 km

3 Std.

keine

ja

Tourencharakter: Bequeme Wanderung auf Ufer- und Waldwegen, streckenweise am Rande der Straße.
Beste Jahreszeit: Frühjahr bis Herbst.
Ausgangs-/Endpunkt: Bahnhof Ruhlsdorf-Zerpenschleuse.
Wanderkarte: Kompass Spezialwanderkarte Nr. 1040, Schorfheide-Werbellinsee, 1:50 000.
Markierung: Roter Querstrich, Wegweiser.
Verkehrsanbindung: Autobahn A 11 Berlin–Prenzlau, Ausfahrt Wandlitz auf B 273 bis zur B 109 und über Wandlitz, Klosterfelde nach Zerpenschleuse.

Einkehr: Ruhlsdorf-Zerpenschleuse: Gaststätte im Bahnhof: Ruhlsdorf: Gaststätte, Dorfstraße.
Unterkunft: Wandlitz: Clubotel, Tel. 033397/7 35-0, Fax 033397/73 55 50; Hotel Seeterassen, Tel. 033397/7 69-0, Fax 033397/7 69 99. Klosterfelde: Pension Bergquelle, Tel. 033396/75 50, Fax 033396/755 88.
Tourist-Info: : Fremdenverkehrsverein Märkische Seenlandschaft Wandlitz e.V., Prenzlauer Chaussee 157, 16348 Wandlitz, Tel. 033397/6 61 31, Fax 033397/6 61 68.

Der Finowkanal ist eine künstliche Wasserstraße zwischen Oder und Havel.

Der Finowkanal ist eine alte Wasserstraße, die von 1743 bis 1746 von König Friedrich II. zwischen Oder und Havel geschaffen wurde. Ein schöner Uferweg lädt zum Wandern ein, bevor sich an reizvollen Seen mehrere Möglichkeiten zum Baden und Erholen bieten.

Der Wegverlauf

Wir starten am Bahnhof **Ruhlsdorf-Zerpenschleuse** und wenden uns nach rechts. Nach 200 m überqueren wir die Straße und können auf einem markierten Wanderweg (roter Querstrich) am Ufer des **Finowkanals** laufen. Es ist ein alter Treidelweg, der den Kanal begleitet. Wir kommen zur Ruhlsdorfer Schleuse, wandern weiter am Kanal entlang und kommen auf einem romantischen Uferweg zwischen Kanal und Feldern nach **Marienwerder** (1 Std.).

Der Finowkanal hatte als Wasserstraße zwischen Oder und Havel große Bedeutung, bis er dem steigendem Verkehr um die Wende vom 19. zum 20. Jh. nicht mehr gewachsen war. Die Wartezeiten der Frachtkähne betrugen bis zu drei Wochen, weshalb 1906 mit dem Bau des Oder-Havel-Kanals begonnen wurde, der 1914 von Kaiser Wilhelm II. eingeweiht wurde. Aus den einstigen, den Finowkanal auf beiden Seiten begleitenden Treidelwegen entstanden reizvolle Wanderwege.

Hier verlassen wir den Treidelweg und wenden uns nach rechts. Wir folgen dem Wegweiser Eisenbuder See 2 km auf einem Pflasterweg, vorbei an der Sport- und Begegnungsstätte Marienwerder zum Wald. An einer Kreuzung folgen wir dem Wegweiser Eisenbudersee 1,5 km, wandern zunächst an einem kleinen See entlang und durchqueren anschließend auf einem breiten Forstweg den Wald. Immer geradeaus gehend kommen wir bei einer Wegspinne zur Nordspitze des **Eisenbudersees**. Hier schwenken wir nach rechts und wandern an mehreren Badestellen mit Liegewiese vorbei nach **Ruhlsdorf** (2:15 Std.).

Bei der Kirche wenden wir uns nach rechts (Wegweiser Finowkanal) und gehen zunächst einige Meter am Rande der Straße, um dann auf einem schönen Wanderweg parallel zur Straße am Waldrand den Finowkanal zu erreichen. Dort wenden wir uns nach links und gehen auf bekanntem Weg zum Bahnhof Ruhlsdorf-Zerpenschleuse zurück (3 Std.).

Variante: Wir folgen beim **Eisenbudersee** geradeaus dem Waldweg, der am westlichen Ufer des Sees entlang führt und in **Sophienstädt** auf die Straße Ruhlsdorf-Biesenthal mündet. In Sophienstädt lohnt sich die Besichtigung der Dorfkirche, bevor zwei Kilometer am Rande der Straße zu laufen sind, um nach **Ruhlsdorf** zu kommen.

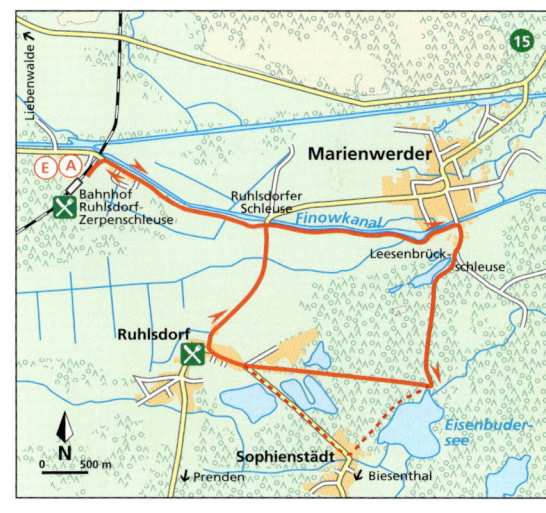

16 Zwischen Wandlitzsee und Rahmersee

Auf der Drei-Seen-Tour: Wandlitz – Stolzenhagener See – Stolzenhagen – Rahmersee – Wandlitz

leicht

14 km

3½ Std.

keine

ja

Die Umgebung von Wandlitz.

Tourencharakter: Bequeme Wanderung auf breiten Wegen, teilweise Waldwege, kurze Strecke an der B 273.
Beste Jahreszeit: Sommer.
Ausgangs-/Endpunkt: Bahnhof Wandlitzsee.
Wanderkarte: Kompass Spezialwanderkarte Nr. 1040, Schorfheide-Werbellinsee, 1:50 000.
Markierung: Sehr lückenhaft, gelber Punkt, grüner Punkt, gelber Punkt, blauer Querstrich.
Verkehrsanbindung: Autobahn A 11 Berlin–Prenzlau, Ausfahrt Wandlitz, auf B 273 nach Wandlitz. Bahn: Von Karow (Berlin) mit der Heidekrautbahn bis Bahnhof Wandlitzsee.
Einkehr: Wandlitz: Restaurant Seeterrassen, am Uferweg; Speisegaststätte Seekrug, Prenzlauer Chaussee 144; Jägerstube, Oranienburger Straße. Stolzenhagen: Restaurant An der Badewiese, Dorfstraße. Restaurant Zum Piratenschiff, Dorfstraße. Gaststätte Waldhaus, Seepromenade am Stolzenhagener See. Rahmersee: Hotel Restaurant Café Zur Waldschänke, Zühlsdorfer Chaussee 14.
Unterkunft: Wandlitz: Clubotel, Tel. 033397/7 35-0, Fax 033397/73 55 50; Hotel Seeterassen, Tel. 033397/7 69-0, Fax 033397/7 69 99.
Tourist-Info: Fremdenverkehrsverein »Märkische Seenlandschaft Wandlitz« e.V., Prenzlauer Chaussee 157, 16348 Wandlitz, Tel. 033397/6 61 31, Fax 033397/6 61 68.

Zahlreiche Bademöglichkeiten sorgen bei dieser Wanderung vom Wandlitzsee zum Stolzenhagener See an heißen Sommertagen für Erfrischung. Dazu bieten schattige Waldwege erholsame Wanderung und ausreichend Kühle.

Der Wegverlauf

Wir starten am Bahnhof **Wandlitzsee**, einem Denkmal der Bauhausarchitektur, das von 1923 bis 1927 nach einem Entwurf des Berliner Architekten Wagner errichtet wurde, und gehen geradewegs zum Strandbad auf der gegenüberliegenden Seite. Hier wenden wir uns nach rechts, gehen am Strandbad entlang und kommen nach 100 m zu einer Treppe. Hier steigen wir zum See hinab und schwenken auf dem Uferweg nach rechts. Vorbei am Restaurant Seeterrassen mit Biergarten erreichen wir die Straße Falkenkorso, biegen hier nach links in die August-Bebel-Straße ein und wandern nun (Markierung gelber Punkt) zwischen Grundstücken mit Häusern parallel zum Ufer des **Wandlitzsees**. Die breite Straße wird zum Pfad, überquert auf Bohlen ein Sumpfgebiet mit Erlen und erreicht auf der Philipp-Müller-Straße kurz nach einer Gabelung (hier links halten) den **Stolzenhagener See** beim Strandbad (45 Min.). Nach wenigen Metern wenden wir uns nach

rechts und wandern nun auf der Seepromenade mit Bänken am See entlang durch Kiefernwald. Dieser breite Weg führt an einem Spielplatz vorbei und mündet auf die Straße nach **Stolzenhagen**. Wir überqueren die Straße und gehen auf dem Pflasterweg an der Basdorfer Straße entlang, die in Stolzenhagen zur Dorfstraße wird. An einer Gabelung bleiben wir rechts und erreichen an der Kirche die Straße nach Lanke/Biesenthal. Hier wenden wir uns nach rechts, gehen bis zur Straße am See und folgen dieser durch Wald bis zum Restaurant Waldhaus (2 Std.).

Dort stoßen wir auf die Philipp-Müller-Straße, gehen rechts und kommen wieder zum Strandbad am **Stolzenhagener See**. Hier folgen wir der Uferstraße (Linkskurve),

Tipp

Das Agrarmuseum Wandlitz
Die 2000 Quadratmeter große Ausstellungsfläche zeigt die Entwicklung der Landwirtschaft in Brandenburg während der letzten 200 Jahre. Arbeitsgeräte, Gebrauchsgegenstände sowie zahlreiche technische Gerätschaften von landwirtschaftlichen Maschinen bis Traktoren informieren über die Entwicklung im 20. Jh. Geöffnet ganzjährig Di–Fr 9.00–16.30 Uhr, April–Oktober auch Sa, So 10.00–17.00 Uhr.

Auch am Rahmer See gibt es ein schönes Freibad.

einem festen Waldweg (Markierung gelber Punkt), bis zur Kirsch-allee, wo wir uns rechts halten, um auf die Basdorfer Straße zu gelangen. Dort wenden wir uns nach links, kommen zur B 273 und können hier zum nahen Strandbad Rahmersee (Wegweiser) gehen. Wir halten uns links, gehen an der B 237 entlang bis zur großen Kreuzung, schwenken dort nach links (Markierung gelber Punkt, später auch blauer Strich) und folgen der Oranienburger Straße bis zu einer Gabelung. Wir wählen die Breitscheidstraße (Markierung blauer Querstrich) und kommen zum Agrarmuseum auf der rechten Seite (3 Std.).

Wir folgen dieser Straße weiter, bis links die Lange Straße abzweigt, auf der wir zum **Bahnhof Wandlitzsee** gelangen (3:30 Std.).

Variante: Beim Strandbad am Stolzenhagener See nicht in die Seepromenade einbiegen, sondern geradeaus auf der Uferstraße nach Wandlitz zurückwandern.

Wanderung zum Liepnitzsee

Reines Badevergnügen: Lanke – Ützdorf – Liepnitzsee – Ützdorf – Lanke

Tourencharakter: Schöne Wanderung vorwiegend auf bequem zu gehenden Uferwegen, vorwiegend im Buchenwald, daher reichlich Schatten, viele Badestellen bieten Erfrischung. Im Herbst besonders reizvoll wegen der prächtigen Laubfärbung.

Beste Jahreszeit: Sommer und Herbst.

Ausgangs-/Endpunkt: Lanke, Strandbad am Obersee.

Wanderkarte: Kompass Spezialwanderkarte Nr. 1040, Schorfheide-Werbellinsee, 1:50 000.

Markierung: Blauer Querstrich, gelber Punkt, blauer Querstrich.

Verkehrsanbindung: Autobahn A 11 Berlin–Prenzlau, Abfahrt Bernau Süd, auf der B 2 nach Bernau, dort nach Lanke abbiegen.

Einkehr: Lanke: Landhotel Am Obersee,Obersee Straße 3–4. Ützdorf: Jägerheim Ützdorf, Wandlitzer Straße 12. Am Liepnitzsee: Imbiß im Waldbad Liepnitzsee.

Unterkunft: Lanke: Landhotel Am Obersee, Tel. 033397/4 51 40, Fax 033397/4 51 42 25. Forum Hotel Bernau, Tel. 03338/60 02 00, Fax 03338/60 02 50, E-Mail: ForumHotel.Bernau@t-online.de. Comfort Hotel Bernau, Tel. 03338/ 7 02 00, Fax 03338/70 20 70.

Tourist-Info: Stadt Bernau bei Berlin, Fremdenverkehrsamt, Bürgermeisterstraße 4, 16321 Bernau, Tel. 03338/ 76 19 19, Fax 03338/76 19 70, E-Mail: fremdenverkehrsamt@ bernau-bei-berlin.de

 leicht

 12 km

 3 Std.

 keine

 ja

Der Liepnitzsee entstand durch das schmelzende Eis während der letzten Eiszeit und ist berühmt wegen des klaren Wassers. Besonders an heißen Sommertagen locken das Waldbad, aber auch die zahlreichen idyllischen Badestellen und die reizvolle Insel Großer Werder, wo sich ein Eldorado für FKK-Freunde befindet.

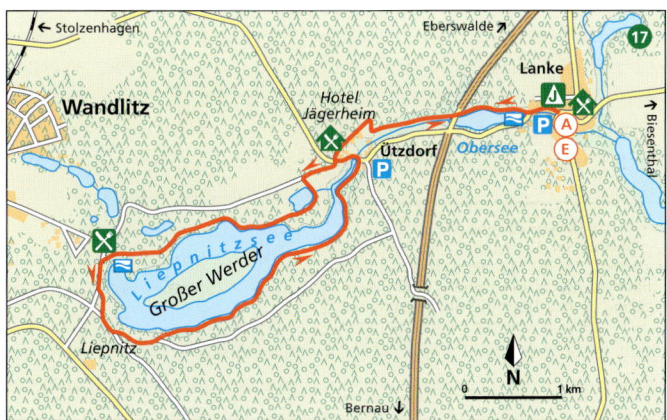

Das Steintor in Bernau beherbergt ein kleines Museum.

Der Wegverlauf

Wir starten in **Lanke** am Strandbad am Obersee und folgen der Markierung blauer Querstrich am Seeufer entlang. Dann unterqueren wir die Autobahn, wandern durch Wald und kommen zur Straße nach Prenden. Hier schwenken wir nach links und erreichen den kleinen Ort **Ützdorf** beim Hotel Jägerheim (30 Min.).

Dort wenden wir uns beim Parkplatz nach rechts und folgen der Markierung gelber Punkt (Wegweiser Badestelle Liepnitzsee) zunächst auf der Betonstraße. Nach etwa 500 m zweigt ein breiter Weg nach links in den Buchenwald und führt direkt zum Ufer des Liepnitzsees. Hier wenden wir uns nach rechts und folgen der Markierung gelber Punkt um den See. Unser Weg führt an der Anlegestelle der Fähre vorbei, die zwischen dem Ufer und der Insel **Großer Werder** im Liepnitzsee verkehrt (Mo–Do 9.00–19.00 Uhr, Fr–So 8.00–20.00 Uhr). Wir folgen einem mit Bohlen belegten Weg nach links am Sitzplatz vorbei, genießen die herrlichen Ausblicke auf den See und wandern auf dem leicht ansteigenden Höhenweg am Geländer entlang. Mehrere Sitzplätze begleiten den Weg, der zum **Waldbad Liepnitzsee** mit Bootsverleih und Imbiß führt (1:15 Std.).

Special

Das nahe liegende Bernau ist eine hübsche Kleinstadt mit gut erhaltener Stadtmauer, von der das Steintor aus dem 15. Jh. als Wahrzeichen der Stadt gilt. Hier ist auch ein sehenswertes Museum untergebracht, das über die Stadtgeschichte informiert. Mit dem Beinamen »Hussitenstadt Bernau« wird an die erfolgreiche Abwehr der Hussiten 1432 erinnert. Jährlich finden zum Andenken am zweiten Juniwochenende die Hussitenspiele statt.

Nach dem Waldbad bleiben wir auf dem Uferweg, der bald zu einem kleinen Badestrand unterhalb eines Hügels und anschließend über eine kleine

17

Brücke führt. Der Weg weitet sich und zieht sich als wunderschöner breiter Waldweg mit zahlreichen idyllischen Badestellen am Ufer entlang. Wieder bietet eine Fähranlegestelle die Möglichkeit, sich auf die Insel Großer Werder übersetzen zu lassen. Vor einem großen Feuchtgebiet verlassen wir das Ufer und gelangen auf eine schmale Asphaltstraße. Dort wenden wir uns nach links und kommen nach **Ützdorf** (2:30 Std.).

Hier folgen wir dem Wegweiser Lanke (Markierung blauer Querstrich) durch den Ort und schwenken beim Hotel Jägerheim nach rechts, um auf bekanntem Weg nach **Lanke** zurückzuwandern (3 Std.).

Am Wanderweg um den Liepnitzsee gibt es mehrere Badestellen.

18 Zum Wukensee bei Biesenthal

An heißen Sommertagen ein Tipp: Biesenthal – Strandbad Wukensee – Wukensee-Rundweg – Prendener Straße – Biesenthal

 leicht

 8 km

 2 Std.

 keine

 ja

Tourencharakter: Ein gemütlicher Spaziergang auf bequemen Wegen, vorwiegend im Wald, besonders schön im Bereich des Wukensees mit Bademöglichkeit.
Beste Jahreszeit: Sommer.
Ausgangs-/Endpunkt: Biesenthal, Alter Markt.
Wanderkarte: Kompass Spezialwanderkarte Nr. 1040, Schorfheide Werbellinsee, 1:50 000.
Markierung: Roter Querstrich, gelber Punkt.
Verkehrsanbindung: Autobahn A 11 Berlin–Prenzlau, Ausfahrt Bernau Süd, auf B 2 Richtung Eberswalde über Bernau nach Biesenthal.

Einkehr: Biesenthal: Gasthof und Pension Henning, Berliner Straße 2. Unterwegs: Im Strandbad am Wukensee; Restaurant & Pension Wukensee, am See.
Unterkunft: Biesenthal: Restaurant & Pension Wukensee, Tel. 03337/45 77-0, Fax 03337/45 77 99; Restaurant und & Pension Kleines Rathaus, Tel./Fax 03337/21 62; Pension Alter Markt, Tel. 030/78 28 09, 0177/12 31 60.
Tourist-Info: Tourismusverein Naturpark Barnim e.V., Berliner Straße 1, 16359 Biesenthal, Tel./Fax: 03337/49 07 18, E-Mail: tv-naturparkbarnim@ibs-brandenburg.de

Im Herzen des Naturparks Barnim liegt das Biesenthaler Becken, ein Gletscherbecken, das von der Finow mit ihren zahlreichen Bachläufen durchzogen ist. Zahlreiche Seen prägen diese reizvolle Landschaft, die zum Wandern einlädt.

Der Wegverlauf

Wir beginnen unsere Wanderung am Alten Markt in **Biesenthal**, unweit der Stadtkirche und dem Alten Rathaus. Sein Portal ziert

das Stadtwappen von 1906 mit einer roten Burg, die auf die ehemalige Burg des Markgrafen von Brandenburg verweist. Von hier gehen wir die Breite Straße bis zu einer Informationstafel mit Wegweiser, an der Ecke (Breite Straße 10) ist das Café Franke. Dort zweigt nach rechts der Wehrmühlenweg ab (Markierung roter Querstrich), auf dem wir zunächst am – leider nicht begehbaren – **Schlossberg-turm** (auch Kaiser-Friedrich-Turm genannt) vorbeikommen. Auf

18

einer schmalen Asphaltstraße nähern wir uns einem Weg-weiser nach Wukensee, halten uns hier links und verlassen der Markierung gelber Punkt folgend Biesenthal. Zwischen Sumpfwiesen wandern wir in einen Kiefernwald, halten uns an der nächsten Gabelung links und gelangen durch ein Birkenwäldchen zur nächsten Gabelung. Hier schwenken wir nach rechts (Markierung gelber Punkt) und erreichen die Asphaltstraße nach Biesen-thal. Sie wird zum links liegen-den Parkplatz schräg über-quert, um über den Parkplatz den Uferweg beim **Strandbad am Wukensee** zu erreichen (30 Min.).

Um die Wanderung fortzuset-zen, wenden wir uns nach rechts und folgen dem Weg um den See. Am Restaurant & Pension Wukensee vorbei bieten sich im-mer wieder schöne Aussichten auf den See.

Der Schloss-bergturm in Biesenthal steht auf ei-ner kleinen Anhöhe.

Dort, wo wir auf dem gegenüberliegenden Ufer eine Brücke er-reichen (1:30 Std.), wenden wir uns nach rechts und verlassen

Special

Schon während der Slawenzeit war die Ge-gend um Biesenthal besiedelt. Ursprung des Ortes war eine slawische Burg, die zur Zeit der askanischen Markgrafen erweitert wurde. Es entwickelte sich entlang der Heer- und Handelsstraße Berlin–Chorin–Oderberg eine Kietzsiedlung, die 1258 als Bisdal erstmals urkundlich erwähnt wurde. Im 19. Jh. eine Ackerbürgerstadt, entwickelte sich Biesen-thal im 20. Jh. zu einem Erholungsort und er-öffnete 1925 das Strandbad am Wukensee.

das Seeufer. Der Weg führt auf die Prende-ner Straße, wir biegen nach links und kom-men am **Kesselsee** vorbei, über die Brei-te Straße zum Alten Markt in **Biesenthal** zurück (2 Std.).

19 Von Eichhorst zum Werbellinsee

Durch die Üderheide: Eichhorst – Üderheide – Werbellin – Werbellinsee – Süßer Winkel – Eichhorst

 leicht

 15 km

 3¾ Std.

 keine

 ja

Tourencharakter: Kontrastreiche Wanderung auf breitem Wald- und idyllischem Uferweg am Werbellinsee entlang, viel Schatten, mehrere Badestellen.

Beste Jahreszeit: Frühjahr bis Herbst.

Ausgangs-/Endpunkt: Eichhorst, Schleuse.

Wanderkarte: Kompass Spezialwanderkarte Nr. 1040, Schorfheide-Werbellinsee, 1:50 000.

Markierung: Grüner Querstrich, blauer Querstrich, roter Querstrich.

Verkehrsanbindung: Autobahn A 11 Berlin–Prenzlau, Ausfahrt Joachimsthal,

auf B 198 bis Joachimsthal. Busverbindung mit Eberswalde, Bernau.

Einkehr: Altenhof: Waldcafé am Wanderweg. Campingplatz Süßer Winkel: Café Maritim. Joachimsthal: Restaurant Zur Krim, Marktstraße 11.

Unterkunft: Joachimsthal: Hotel Am Werbellinsee, Tel. 033361/7 02 56, Fax 033361/2 27; Hotel Wenzelhof, Tel. 033361/62 90, Fax 033361/6 29 13, www.hotel-wenzelhof.de; Pension Zur Schorfheide, Tel./Fax 033361/96 05, www.barnim.de/infothek/eisenbl.htm

Tourist-Info: Amt Joachimsthal, Joachimsplatz 1–3, 16247 Joachimsthal, Tel. 033361/6 46 32.

Am Ufer des Werbellinsees führt ein schöner Wanderweg entlang.

Als 1766 das Werbellinfließ zum Werbellinkanal erweitert wurde, konnten die Lastkähne den Wasserweg über die Havel und die Spree nach Berlin nehmen. Heute sind es vor allem zahlreiche Sportboote, die den Werbellinkanal nutzen und dabei die Schleuse Eichhorst passieren müssen. Von hier führt ein schöner Wanderweg zum Werbellinsee.

Der Wegverlauf

Wir starten bei der **Schleuse Eichhorst**, gehen über die Brücke und gelangen, an der Revierförsterei Eichhorst vorbei, auf eine schmale Asphaltstraße. Sie führt in den Hochwald (Markierung grüner Querstrich). Nach fünf Minuten kommen wir bei einem stattlichen Bergahorn zu einer Gabelung und wählen den halb rechten Weg. Auf diesem wandern wir in die **Üderheide**, teils durch Eichenwald, teils Mischwald und hoher Kiefernwald. Dieser breite Waldweg führt direkt in das Dorf **Werbellin** (1:30 Std.).

Am Ende des Ortes folgen wir dem Altenhofer Weg (Markierung blauer Querstrich), zunächst eine Asphaltstraße, die bald in einen breiten Feldweg übergeht. Von Heckenrosen begleitet, kom-

19

Von der Schleuse Eichhorst bietet ein Spaziergang zum Askanierturm an. Man folgt der Markierung grüner Punkt auf einer Seite des Kanals, überquert dort eine Holzbrücke und wandert auf der andern Seite zur Schleuse zurück (1 Std.).

men wir nach **Altenhof**, wo am Wanderweg rechts das Waldcafé zu einer Rast einlädt. Wir überqueren eine Asphaltstraße, gehen einen schmalen Pfad abwärts und kommen auf den Uferweg am **Werbellinsee** (2:15 Std.). Dort wenden wir uns nach links (Markierung roter Querstrich) und wandern nun auf diesem schönen Weg am See entlang. Mehrere Badestellen laden ebenso zu einer Rast ein wie zahlreiche Bänke am Seeufer. Der Wanderweg führt zum **Campingplatz Süßer Winkel**, wo sich eine große Liegewiese mit Badestelle befindet (3 Std.) Dort, wo unser Wanderweg eine Linkskurve beschreibt, mündet der **Werbellinkanal** in den Werbellinsee. Nun geht es unmittelbar am Kanal entlang, auf der anderen Seite sehen wir bald den **Askanierturm** aufragen. Ihn weihte Prinz Carl von Preußen 1879 zum Gedenken an die Askanier ein, die den Hohenzollern durch ihre Ostkolonisation die Mark Brandenburg bescherten. An diesem historischen Ort soll im 13. Jh. die Burg Werbellin gestanden haben, eine Trutzburg des Fürstengeschlechts der Askanier. Unsere Wanderung nähert sich fast dem Ende, denn der Ausgangspunkt an der Schleuse in **Eichhorst** ist bald erreicht. (3:45 Std.)

20 Um den Grimnitzsee

Zum größten See der Schorfheide: Bahnhof Joachimsthal – Bungalowdorf –
Althüttendorf – Leistenhaus – Bahnhof Joachimsthal

 mittel

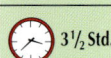 14 km

 3½ Std.

 keine

☺ ja

Tourencharakter: Bequeme Wanderung auf Wiesen- und Waldwegen mit Bademöglichkeiten und schönen Aussichten auf den See.
Beste Jahreszeit: Frühjahr und Sommer.
Ausgangs-/Endpunkt: Bahnhof Joachimsthal.
Wanderkarte: Kompass Spezialwanderkarte Nr. 1040, Schorfheide-Werbellinsee, 1:50 000. Bemerkung: Verlauf des Wanderweges um den Grimnitzsee ist nicht korrekt eingezeichnet.
Markierung: Grüner Punkt.
Verkehrsanbindung: Autobahn A 11 bis Ausfahrt Joachimsthal, auf der B 198 bis zum Ort. Busverbindung mit Angermünde. Bahnverbindung mit Eberswalde und Templin.

Einkehr: Joachimsthal: Gaststätte Zur Krim, Marktstraße 11. Unterwegs: Eiscafé Melange, Am Parkplatz beim Bungalowdorf. Waldhotel und Waldschänke im Ferienpark Jacob am Wanderweg.
Unterkunft: Joachimsthal: Hotel Am Werbellinsee, Tel. 033361/7 02 56; Pension Zur Schorfheide, Tel. 033361/96 05; Hotel Wenzelhof, Tel. 033361/62 90. Feriendorf am Grimnitzsee, Tel. 033361/63 90, Fax 033361/6 39 15.
Tourist-Info: Tourismusgemeinschaft Barnimer Land e.V., Bergerstrasse 97, 16225 Eberswalde, Tel. 03334/5 89 84 17, Fax 03334/5 89 84 20.

Der Grimnitzsee ist nicht nur der größte See in der Schorfheide, sondern dank seiner Lage auch einer der reizvollsten. Die Umrundung ist abwechslungsreich und wegen der schönen Badestellen auch eine gute Mischung zwischen aktiver und passiver Erholung.

Tipp
Das unweit von Joachimsthal gelegene Jagdschloss Hubertusstock war zuletzt als Gästehaus der DDR-Regierung bekannt, erbauen ließ es König Friedrich Wilhelm IV. zwischen 1847–1849. An die Schorfheide als kaiserliches Jagdrevier erinnern zahlreiche Gedenksteine, die sich auf einem 10 km langen Wanderweg mit der Markierung »G« von Hubertusstock aus erkunden lassen.

Der Wegverlauf

Wir starten am Bahnhof in **Joachimsthal**, wenden uns nach rechts, überqueren die Schranke und schwenken gleich wieder rechts auf den Wiesenweg (Markierung grüner Punkt). Nun geht es unterhalb der Bahnlinie am Rande der Wiese entlang, in der Ferne schimmert schon der Grimnitzsee. Wir kommen zur Hövelstraße, wenden uns nach links und folgen der Markierung grüner Punkt zum Seeufer. Nun wandern wir am **Feriendorf Grimnitzsee** entlang, kommen zu einer Badestelle, wo sich ein Abstecher nach rechts zum Eiscafé Melange am Parkplatz lohnt. Wir folgen dem Uferweg weiter geradeaus, wandern durch das

Waldstück »**Gebranntes Holz**« und kommen zum Neuen Graben (1 Std.), wo sich ein Biberrevier befindet.

Weiter geht es am Ufer des **Grimnitzsees** entlang auf dem alten Glashüttenweg nach **Althüttendorf**, wo der Weg aus dem Wald tritt. Auf einem Wiesenweg gewinnen wir leicht an Höhe, können den herrlichen Blick über den 830 ha großen See genießen und

20

kommen im Ort zur Dorfstraße. Rechts sehen wir die Dorfkirche aus Feldsteinen mit dem hölzernen Glockenturm. Wir wenden uns nach links und können nach wenigen Metern links an der Badestelle mit Liegewiese sein. Gehen wir weiter durch den Ort, der von Glasmachern aus Sachsen, Bayern, Österreich und Böhmen Mitte des 17. Jh. gegründet wurde, kommen wir zur Brockschen Bockwindmühle auf der Höhe, die allerdings ohne Flügel ist (1:45 Std.).

Wieder lässt sich die Aussicht über den See, aber auch zur schönen Kulisse von Althüttendorf genießen, bevor wir die Straße verlassen und bei einem Sitzplatz auf einen Pflasterweg nach links schwenken. Wir wandern zum Nordufer, kommen zum Leistenhaus, einem Einzelgehöft an der Nordspitze des Sees, das nach seinem Besitzer Leist benannt wurde.

Der Kaiserbahnhof in Joachimsthal

Wir verlassen das Seeufer allmählich und schwenken an der folgenden Kreuzung nach links und wandern auf der Asphaltstraße nach **Joachimsthal** zurück (3:30 Std.).

21 Durch die Hügellandschaft bei Brodowin

Reizvolle Aussicht: Brodowin – Kleiner Rummelsberg – Pehlitz –
Pehlitzwerder – Pehlitz – Brodowin

leicht

9 km

2 1/2 Std.

30 m

ja

Tourencharakter: Abwechslungsreiche Wanderung mit schönen Aussichten, teilweise am Rande der Asphaltstraße, teilweise auf Feld- und Wiesenwegen.
Beste Jahreszeit: Frühjahr.
Ausgangs-/Endpunkt: Brodowin, Kirche.
Wanderkarte: Kompass Spezial-wanderkarte Nr. 1040, Schorfheide-Werbellinsee, 1:50 000.
Markierung: Blauer Querstrich, gelber Punkt.
Verkehrsanbindung: Autobahn A 11 Berlin–Prenzlau, Ausfahrt Finowfurt, auf B 167 nach Eberswalde, dort auf B 2 Richtung Angermünde nach Kloster Chorin, Abzweig nach Brodowin. Busverbindung mit Eberswalde.

Einkehr: Brodowin: Gaststätte Zur Frischen Quelle, Dorfstraße 55. Chorin: Gaststätte Neue Klosterschänke, Klosterallee 12 (beim Kloster); Honig-Spezialitäten-Restaurant Immenstube im Hotel Haus Chorin, Neue Kloster-allee 10.
Unterkunft: Chorin: Hotel Haus Chorin, Tel. 033366/5 00, Fax 033366/3 26; Seehotel-Restaurant Neue Klosterschänke, Tel. 033366/53 10, Fax 033366/5 31 41, www.telta.de/Klosterschaenke
Tourist-Info: Fremdenverkehrsverein Chorin Oderberg e.V., Am Amt 11a, 16230 Chorin, Tel. 033366/7 03 77, Fax 033366/7 03 78.

Tipp

Das Ökodorf Brodowin betreibt als einer der größten Demeter-Betriebe in ganz Deutschland auf 1250 ha vor allem Milchproduktion, produziert aber auch gärtnerische Produkte. Der Hofladen, Weißensee 1 (Tel.03362/6 00 22), bietet ganzjährig ein umfangreiches Sortiment ökologischer Lebensmittel.

Die Umgebung von Brodowin ist von Endmoränen und zahlreichen Seen geprägt, die der Landschaft ein reizvolles Gesicht verleihen. Eine Wanderung bietet viel Abwechslung, und vom Kleinen Rummelsberg lässt sich eine großartige Aussicht über die Hügellandschaft mit ihren Seen genießen.

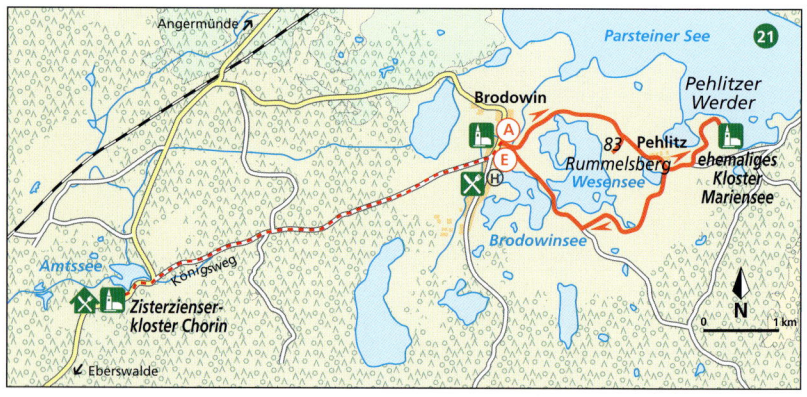

Der **Kleine Rummelsberg** erhebt sich 38 m über dem Wesensee und wird Drumlin genannt, eine Aufschüttung aus Endmoränenmaterial der Weichseleiszeit. Seine Hänge beherbergen eine seltene Trockenrasenvegetation, in der Golddistel, Natternkopf-Habichtskraut, Sand-Thymian, Gemeine Braunelle, Wiesensalbei und andere Pflanzenarten wachsen.

Der Wegverlauf

Wir starten an der Kirche in **Brodowin**, wo sich neben einer Informationstafel über die Märkische Eiszeitstraße auch ein Sitzplatz befindet. Von dort folgen wir dem Wegweiser Parstein und Pehlitz auf einem asphaltierten Fahrweg, an einem Mast mit einem Storchennest vorbei. Wir verlassen den Ort, können schon bald den Blick hinüber zum Kleinen Rummelsberg genießen, dessen Fuß wir nach 30 Min. Wanderzeit erreichen. Nun steigen wir die Stufen aufwärts und haben einen schönen Ausblick über eine malerische Hügellandschaft. In Richtung Brodowin schweift der Blick über den **Wesensee**, links davon liegt der **Brodowiner See,** und in nördlicher Richtung breitet sich der **Parsteiner See** aus.

21

Vom Kleinen Rummelsberg bei Brodowin bietet sich eine schöne Aussicht auf den Wesensee.

21

Die Alte Klosterschänke in Chorin

Wir steigen wieder ab und setzen unsere Wanderung am Rande der Asphaltstraße nach **Pehlitz** fort (Markierung blauer Querstrich). Etwa 500 m nach dem Ort zweigt nach links der Zugang zum **Pehlitzwerder** ab (45 Min.). Wir folgen dem Weg bis zu einem Campingplatz, wo sich die restaurierten Fundamentreste des **Klosters Mariensee** befinden, das 1258 begonnen, aber bereits 1270 wieder aufgegeben wurde.

Unser Weg führt zurück nach **Pehlitz**, dort wenden wir uns kurz nach dem Ortseingangsschild nach links und folgen der Markierung gelber Punkt auf einem Feldweg. Diese genussvolle Wanderung führt durch ein kleines Wäldchen, nähert sich zwischen Wiesen dem Wesensee und mündet auf eine Kopfsteinpflasterstraße. Hier wenden wir uns nach rechts und erreichen zwischen Feldern den Ausgangspunkt in **Brodowin** (2:30 Std.).

Variante: Wer die Wanderung beim Kloster Chorin beginnen möchte, folgt dort der Markierung blauer Querstrich nach Brodowin auf dem gepflasterten Königsweg (5 km). In Brodowin nach links schwenkend, wird der Ausgangspunkt der beschriebenen Wanderung bei der Kirche erreicht.

Special

Das **Kloster Chorin** ist eine der bedeutendsten Klostergründungen in Brandenburg, dessen Ursprünge im Zisterzienserkloster Mariensee liegen. Damals gründeten die Markgrafen Otto III. und Johann I. auf dem Pehlitzwerder ein Kloster, das sie bereits 1273 verlegten und Chorin nannten. Der Bau war deutlich an das Mutterkloster in Lehnin angelegt und 1334 beendet. 1542 wurde es säkularisiert und nach starker Beschädigung im 30-jährigen Krieg teilweise abgetragen. Erhalten geblieben ist unter anderem eine sehenswerte Ruine der gotischen Klosterkirche mit spätromanischen Elementen, die in der europäischen Architektur wegen seiner grandios gestalten Westfassade berühmt wurde.

Von Bad Freienwalde nach Falkenberg

Auf dem Fontane-Wanderweg: Bad Freienwalde – Ruine – Teufelssee – Bismarckturm – Falkenberg

22

Tourencharakter: Streckenwanderung auf bequemen Waldwegen, die im Frühjahr vor der Laubentfaltung besonders reizvoll ist.
Beste Jahreszeit: Frühjahr.
Ausgangspunkt: Bad Freienwalde, Marktplatz.
Endpunkt: Falkenberg, Theodor-Fontane-Platz.
Wanderkarte: Kompass Spezialwanderkarte Nr. 1040, Schorfheide-Werbellinsee, 1:50 000.
Markierung: Blauer Querstrich.
Verkehrsanbindung: Autobahn A 11 Berlin–Prenzlau, Ausfahrt Finowfurt, auf B 167 über Eberswalde nach Bad Freienwalde. Busverbindung mit Eberswalde. Bahn ab Berlin-Lichtenberg oder Bernau über Eberswalde.
Einkehr: Bad Freienwalde: Café und

Pension Lender, Hauptstraße 49; Restaurant & Eiscafé Am Teich, Eduardshof 3. Falkenberg: Hotel Villa Fontane, Fontanestraße 4; Restaurant & Café Carlsburg, Burgstraße 9; Restaurant & Café Rosengarten, Karl-Marx-Straße 31.
Unterkunft: Bad Freienwalde: Akzent-Hotel Eduardshof, Tel. 03344/4 13-0, Fax 03344/4 13 -180, E-Mail: Hotel-Eduardshof@t-online.de, www.hotel-eduardshof.de.
Hotel & Restaurant Zum Löwen, Tel. 03344/4 16 60, Fax 03344/41 666 6. Falkenberg: Hotel Villa Fontane, Tel. 033458/3 03 80, Fax 033458/3 03 81.
Tourist-Info: Touristen-Information der Kur- und Fremdenverkehrs GmbH Bad Freienwalde, Karl-Marx-Straße 25, 16259 Bad Freienwalde, Tel. 03344/ 34 02.

 leicht

 10 km

 2½ Std.

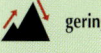 gering

 ja

Heilkräftige Quellen und eine reizvolle Hügellandschaft sind die Markenzeichen von Bad Freienwalde, dem ältesten Badeort im Land Brandenburg. Hier weilte auch Theodor Fontane und auf dem nach ihm benannten Wanderweg bietet sich dem Betrachter eine abwechslungsreiche Landschaft.

Der Wegverlauf

Wir starten auf dem Marktplatz vor dem Rathaus in **Bad Freienwalde** und gehen die leicht ansteigende Uchtenhagenstraße entlang. Beim Wegweiser Fontane-Wanderweg schwenken wir nach rechts und steigen zwischen Grundstücken einige Stufen aufwärts. Oben angekommen, sind es nur wenige Schritte zur **Ruine**, einem Aussichtspunkt. Leider bietet sich wegen

In Bad Freienwalde bietet sich ein Spaziergang zum königlichen Schloss und dem Teehäuschen im Schlosspark an. Hierher kam Königin Friderike Luise, die Gemahlin von Friedrich Wilhelm II. ab 1790 alljährlich für ein paar Wochen. Sie ließ sich einen Garten anlegen sowie einen Pavillon bauen – das so genannte »Teehäuschen«. Als sie Freienwalde zum Witwensitz auserkoren hatte, beauftragte sie 1798 den damals schon berühmten Landbaumeister David Gilly, an einem kleinen Höhenzug ein Landhaus zu errichten, das man etwas übertrieben »Schloss« nennt. Dieses klassizistische Bauwerk gehört zu einem Park, der zunächst im sentimentalen Stil des 18. Jh. mit Tempel, strohgedeckten Hütten und anderen Staffagen gestaltet wurde. Davon war allerdings vermutlich schon nichts mehr erhalten, als Peter Joseph Lenné von 1822 an eine Umgestaltung im landschaftlichen Stil vornahm.

22

der hohen Bäume keine freie Sicht auf Bad Freienwalde. Wir gehen zurück und setzen den Weg mit der Markierung blauer Querstrich fort und wandern am Hang durch Buchen- und Eichenwald. Den Boden bedecken blaue Veilchen, gelbes Scharbockskraut und weiße Buschwindröschen, die im April in voller Blüte stehen.

Unser Wanderweg mündet auf den Max-Kienitz-Lehrpfad, hier gehen wir nach rechts und wenden uns nach wenigen Metern nach links. Der Fontane-Wanderweg lenkt nun durch eine reizvolle Hügellandschaft am Hang entlang und führt nach einigen vermoderten Holzstufen auf einen Querweg. Hier halten wir uns rechts, gehen bei einer großen Kiefer (Naturdenkmal) nach links und gelangen bei einem Umspannwerk auf einen Fahrweg. Nun wenden wir uns nach links und wandern durch ein schönes Tal. Im-

Das Schloss in Bad Freienwalde

Special 22

Von Bad Freienwalde lohnt sich ein Abstecher zum Schiffshebewerk Niederfinow. Es wurde zwischen 1927 und 1934 im Oder-Havel-Kanal gebaut und überwindet in 20 Min. ein Gefälle von 36 m. Großartig ist die Aussicht von der oberen Plattform auf eine Bilderbuchlandschaft der Eiszeit mit Pommerschen Endmoränen im Nordosten, dem Barnim im Süden und dem Niederoderbruch im Osten.

mer der Markierung blauer Querstrich folgend, steigen wir auf einem breiten Kopfsteinpflasterweg leicht an und erreichen den **Teufelssee** (1:15 Std.).

Am Ende des Sees zweigt ein Sandweg nach rechts, auf dem wir weiter Richtung Falkenberg wandern (Markierung blauer Querstrich). Wir kommen an der **Mariannenschlucht** vorbei, halten uns beim nächsten Abzweig rechts und erreichen auf einem schönem Hangweg eine Wegkreuzung. Dort folgen wir dem Wegweiser Falkenberg durch einen Hohlweg leicht ansteigend zur »**Grüner Heinrich-Hütte**«. Nach rechts führt ein 650 m langer Pfad zum 1895 erbauten **Bismarckturm** auf dem Schlossberg (geöffnet Sa und So 10.00–17.00 Uhr), von dessen Aussichtsplattform man eine schöne Aussicht in den **Oderbruch** und bis nach Polen hat.

Zurück zum Fontaneweg folgen wir weiter der Markierung blauer Querstrich abwärts nach Falkenberg. Dort wenden wir uns beim Theodor-Fontane-Platz nach rechts und gelangen zur Bushaltestelle (2:30 Std.). (Rückfahrt nach Bad Freienwalde Mo–Fr 12.27 Uhr, 14.55 Uhr (an Schultagen), 16.05 Uhr und 18.30 Uhr, Sa, So, Feiertag 10.30 Uhr, 18.30 Uhr.)

Beeindruckend ist das Innere des Schiffshebewerkes von Niederfinow.

Variante: Wanderung zurück nach Bad Freienwalde auf dem Talweg vom Theodor-Fontane-Platz, über Fontanestraße, dann Wegweiser Talweg nach Bad Freienwalde, 8 km (2 Std.).

23 Von Eberswalde zum Nonnenfließ

Spuren der Eiszeit: Eberswalde – Spechthausen – Nonnenfließ –
Klobbicker Landweg – Spechthausen – Eberswalde

 leicht

 14 km

 3½ Std.

 keine

 ja

Tourencharakter: Bequeme Wanderung auf breiten Waldwegen, in Spechthausen am Rande der Straße.
Beste Jahreszeit: Frühjahr bis Herbst.
Ausgangs-/Endpunkt: Eberswalde, Forstbotanischer Garten.
Wanderkarte: Kompass Spezialwanderkarte Nr. 1040, Schorfheide-Werbellinsee, 1:50 000.
Markierung: Blauer Querstrich.
Verkehrsanbindung: Autobahn A 11, Ausfahrt Finowfurt, auf B 167 über Finow nach Eberswalde. Bahn: Berlin–Stralsund und Berlin–Stettin bis Eberswalde.
Einkehr: Eberswalder Zoo: Zoogaststätte Brauner Bär am Zooeingang. Spechthausen: Restaurant und Café Waldhof, Dorfstraße 39.
Unterkunft: Central-Hotel Eberswalde, Tel. 03334/2170, Fax 03334/2174 50.
Tourist-Info: Stadt Eberswalde, Breite Straße 41–44, 16225 Eberswalde. Tel. 03334/64-0, Fax 03334/641 90.

Das Nonnenfließ entstand vor 15 000 Jahren durch die Schmelzwasser der letzten Eiszeit und verändert mit seinem Wasser heute noch das mäandrierende Flussbett. Die terrassenartigen Uferhänge lassen die »Arbeit« des Wassers im Laufe der Zeit deutlich erkennen.

Der Wegverlauf

Blick zum kleinen Pavillon im Forstbotanischen Garten in Eberswalde.

Wir starten am Eingang des **Forstbotanischen Gartens** im Schwappachweg und folgen dem Weg weiter in Richtung Zoo (Wegweiser). Der Wanderweg mit der Markierung blauer Querstrich führt an der Verwaltung des Gartens vorbei, durch ein Waldstück zu einer Weggabelung.

Variante: An der Weggabelung geradeaus auf direktem Weg nach Spechthausen (30 Min.).

Wir wenden uns an dieser Gabelung nach rechts und folgen der Markierung blauer Querstrich zum **Zoo Eberswalde**, gehen dort geradeaus weiter und schwenken vor der Straße nach links.

Durch den Wald geht es durch das Schwärzetal nach **Spechthausen**, das wir auf der Straße An der Schwärze erreichen (45 Min.).

Auf der Dorfstraße (B 2) schwenken wir nach rechts, gehen auf dem Fußweg neben der Straße in Richtung Melchow und biegen etwa 150 m nach dem Ortsausgang von Spechthausen nach links in den Forstweg (Markierung blauer Querstrich). An einer Informationstafel erhalten wir einen Überblick über das **Nonnenfließ**. Unser Wanderweg führt über eine Brücke, an der folgenden Gabelung halten wir uns links und kommen durch einen Buchenwald zu einer Wanderhütte (1:15 Std.).

Wir wandern auf breitem Waldweg weiter und kommen zum Liesenkreuz, einem sagenhaften Ort. Dort schwenken wir nach rechts (Wegweiser Schönholz) und treffen auf die Kreuzung am **Schneidemühlenweg**, wo wir nach links abbiegen.

Durch Kiefernwald, von Fichten, Buchen und Lärchen durchsetzt, wandern wir auf einem breiten Forstweg, dem **Kayser-Damm**. Dort, wo sich die Markierung blauer Querstrich scharf nach rechts wendet, bleiben wir auf dem breiten Forstweg, der inzwischen ein Pflasterweg geworden ist. Am Findling mit der Aufschrift Kayser-Damm treffen wir auf die **Bernauer Heerstraße**,

23

An diesem Teich in Spechthausen lassen sich Schwäne und andere Wasservögel gut beobachten.

die schon Friedrich der Große benutzte, dort wenden wir uns nach links und wandern bis zur Kreuzung mit dem **Klobbicker Damm**, wo ein Findling an der Seite der Wegkreuzung die Inschrift trägt und eine Sitzgruppe zur Rast einlädt. Dort wenden wir uns nach links und wandern auf der breiten Kopfsteinpflasterstraße geradewegs nach **Spechthausen**, das wir auf der B 2 erreichen. Dort wenden wir uns nach links, biegen an bekannter Stelle in die Straße An der Schwärze und erreichen den Ausgangspunkt am Forstbotanischen Garten in **Eberswalde** (3:30 Std.).

Durch den Gamengrund

Rast im Country-Camping: Tiefensee – Gamensee – Mittelsee – Country-Camping – Gamensee – Tiefensee

24

Tourencharakter: Schöne Wanderung auf bequemen Waldwegen, viel Schatten, zahlreiche Badestellen an idyllischen Plätzen.
Beste Jahreszeit: Sommer und Herbst.
Ausgangs-/Endpunkt: Tiefensee, Ortsmitte.
Wanderkarte: Kompass Wander- und Radtourenkarte Nr. 744, Schorfheide – Uckermark – Barnim, 1:50 000.
Markierung: Gelber Punkt, blauer Querstrich, grüner Querstrich, gelber Punkt.
Verkehrsanbindung: Autobahn A 10, Ausfahrt Berlin-Hohenschönhausen, auf B 158 über Werneuchen in Richtung Bad Freienwalde bis Tiefensee.

Einkehr: Werneuchen: Gasthaus & Pension Am Berg, Freienwalder Chaussee 6. Am Gamensee: Waldschenke Sumpfbiber, am Country-Camping. Am Mittelsee: Café-Haus am Mittelsee.
Unterkunft: Werneuchen: Gasthaus & Pension Am Berg, Tel. 033398/9 06 55. Bernau: Forum Hotel Bernau, Tel. 03338/60 02 00, Fax 03338/60 02 50, E-Mail: ForumHotel.Bernau@t-online.de. Comfort Hotel Bernau, Tel. 03338/7 02 00, Fax 03338/70 20 70.
Tourist-Info: Tourismusgemeinschaft Barnimer Land e. V., Bergerstrasse 97, 16225 Eberswalde, Tel. 03334/5 89 84 17, Fax 03334/5 89 84 20.

 leicht

 12 km

 3 Std.

 keine

 ja

Das Landschaftsschutzgebiet Gamengrund ist eine eiszeitliche Schmelzwasserrinne von 30 km Länge, mit schönen Seen und großen Waldflächen. Markierte Wanderwege führen durch schattige Buchenwälder am Seeufer entlang, und immer wieder lassen sich herrliche Aussichten auf die Wasserfläche mit Seerosen und Mummeln genießen.

Der Wegverlauf

Wir starten in **Tiefensee**, wo die Berliner Straße (B 158) mit der Eberswalder Straße im spitzen Winkel zusammentrifft, und gehen die Müncheberger Straße entlang (Wegweiser Gamensee, Markierung gelber Punkt). Nach dem Überqueren der Gleisanlagen schwenken wir nach links und folgen dem Seeweg zunächst auf einer Kopfsteinpflasterstraße, die dann weiter als schmaler Pfad zwischen Mischwald und Kiefernschonung verläuft. An einem

24

überdachten Sitzplatz folgen wir dem Wegweiser Country-Camping. Die Badestelle am Ufer des **Gamensees** erreichen wir über eine Treppe mit Holzstufen. Dort sehen wir links zwei Hinweistafeln, die über die Seen informieren. Von den Tafeln wenden wir uns nach rechts und folgen nun der Markierung blauer Querstrich am Uferweg mit kleinen Badestellen. Am Ende des Sees lädt ein kleiner Rastplatz mit feinem Sandstrand (1 Std.) zum Verschnaufen ein.

Tipp

Zwischen Tiefensee und Werneuchen lädt das Gasthaus & Pension Am Berg zu einem Besuch ein. Hier erwartet den Gast eine excellente regionale Küche und große Portionen zu günstigen Preisen. Als besondere Spezialität des Hauses gilt das Zanderfilet auf Rahmsauerkraut, das immer wieder von den Gästen in höchsten Tönen gelobt wird.

Von dieser Stelle aus folgen wir dem Wegweiser **Drei-Seen-Weg** (Markierung grüner Querstrich) nach links, kommen am Zaun des Country-Campings vorbei zu einer Kreuzung mit mehreren Wegweisern (1:45 Std.).

Der Gamensee ist ein langgestreckter Rinnensee und von dichten Wäldern umgeben.

Dort folgen wir dem Wegweiser »Mittelsee«, schwenken am Ende des Sees nach links und gehen auf der gegenüberliegenden Seite mit der Markierung blauer Querstrich zurück. Der **Mittelsee** schimmert durch die Bäume, denn unser Wanderweg führt nicht direkt am Ufer entlang und erreicht beim Café-Haus am Mittelsee die Einzäunung des **Country-Camping**. Dort schwenken

wir nach links, wenden uns am Ende des Zaunes nach rechts und gehen über den Campingplatz (2:30 Std.).

Am Ufer des Gamensees (Markierung gelber Punkt) erreichen wir die beiden Informationstafeln über die Seen. Dort steigen wir wieder die Holztreppe hinauf und gehen auf bekanntem Weg zum Ausgangspunkt an der Straße in **Tiefensee** (3 Std.).

Variante: Wer die Wanderung um den Mittelsee nicht machen möchte, wendet sich am Ende des Gamensees beim Country-Camping nach links und wandert zum Ausgangspunkt zurück.

Zwischen Strausberg und Spitzmühle

Genussreiche Waldwanderung zwischen zwei Mühlen: Strausberg-Stadt –
Fähre – Neue Spitzmühle – Wesendahler Mühle – Schillerhöhe – Strausberg-Stadt

25

Tourencharakter: Bequeme Wanderung durch Laubmischwald, teilweise am Seeufer entlang mit Gelegenheit zum Baden.
Beste Jahreszeit: Frühjahr.
Ausgangs-/Endpunkt: Strausberg-Stadt, Fähre am Straussee.
Wanderkarte: Kompass Wander- und Radtourenkarte Nr. 746, Märkische Schweiz, 1:50 000.
Markierung: Gelber Punkt.
Verkehrsanbindung: Autobahn A 10 Berliner Ring , Ausfahrt Berlin-Hellersdorf in Richtung Strausberg. Bahn: S-Bahn von Berlin nach Strausberg-Stadt.
Einkehr: Strausberg: Restaurant und Biergarten Zur Fähre, Große Straße 1; Café Altstadt, Große Straße 58; Postbruchhütte, Am Walde 7, Mo Ruhetag.

Unterwegs: Hotel/Restaurant Neue Spitzmühle, Wesendahler Mühle, Di, Mi Ruhetag.
Unterkunft: Strausberg: The Lakeside Hotel ****, Tel. 03341/3 46 90, Fax 03341/34 69 15. E-Mail: hotel@thelakeside.de; Garni-Hotel Strausberg, Tel. 03341/36 30-0, Fax 03341/36 30 33; Fontane Pension, Tel. 03341/31 17 70, Fax 03341/31 46 76. Pension Zur Altstadt, Tel. 03341/25 06 64, Fax 03341/2 27 57; Pension am Strassee, Tel. 03341/31 38 21.
Tourist-Info: Stadt- und Tourist-Information Strausberg, August-Bebel-Straße 1, 15344 Strausberg, Tel. 03341/31 10 66, Fax 03341/31 46 35. E-Mail: strausberg-tours@t-online.de, www.stadt-strausberg.de

 leicht

 12 km

 2¾ Std.

 keine

 ja

Zwischen Straussee, Bötzsee und Fängersee dehnen sich herrliche Wälder, die von reizvollen Wanderwegen durchzogen sind. Als lohnenswerte Ziele zum Verschnaufen laden zwei Mühlen ein, wo unter anderem leckere Fischgerichte aus den heimischen Gewässern probiert werden können.

25 Der Wegverlauf

Wir beginnen die Wanderung an der Fähre über den **Straussee** im Stadtzentrum, das vom S-Bahnhof Strausberg-Stadt dem Wegweiser folgend über die Straße An der Stadtmauer zu erreichen ist.

Zuvor lohnt sich allerdings ein Spaziergang durch die über 750 Jahre alte Stadt, die einige Sehenswürdigkeiten zu bieten hat. Unweit der Fähre steht das **Landsberger Tor**, ein Teil der historischen Stadtmauer. Über die Georg-Kurtze-Straße kommen wir zur **Marienkirche**, eine dreischiffige, aus Feldsteinen erbaute Pfeilerbasilika, die um 1250 entstanden ist. Im Inneren beeindrucken die spätgotischen Gewölbemalereien und ein Flügelaltar aus dem 16. Jh. Über den terrassenförmig angelegten Markt mit dem Stadthaus von 1819 gelangen wir zurück zur Fähre und lassen uns auf die andere Seite des Straussees übersetzen. Dort folgen wir dem Wegweiser zur Spitzmühle (Markierung gelber Punkt). Es folgt ein schöner Weg durch Mischwald aus Eichen, Kiefern und Fichten, wir überqueren die Straße Strausberg-Eggersdorf und wandern auf der anderen Seite geradeaus weiter. Bei einem Sitzplatz kommen wir erneut zu einer Straße, die wir überqueren und nach wenigen Metern das Ufer des **Bötzsees** erreichen. Rechts am Ufer sehen wir die **Neue Spitzmühle** durch das Laub der Bäume schimmern. Hier

Die Neue Spitzmühle am Bötzsee

25

wenden wir uns nach rechts und gelangen bei einer über 180 Jahre alten Traubeneiche zu einer Wegkreuzung (45 Min.). Zur Neuen Spitzmühle sind es nur wenige Meter.

Um die Wanderung fortzusetzen, folgen wir bei der Wegkreuzung dem Wegweiser zur Wesendahler Mühle (Markierung gelber Punkt). Es folgt ein Uferweg, der bald als schöner Hangweg am Fängersee entlang führt. Nach etwa 20 Minuten kommen wir zu einer Badestelle und gelangen unweit der Wesendahler Mühle auf einen Waldweg, wo wir den Wegwei-

ser Schillerhöhe finden (1:30 Std.). Von hier sind es nur wenige Meter bis zur **Wesendahler Mühle**.

Wir folgen dem Wegweiser Schillerhöhe nach rechts (Markierung gelber Punkt)

Das Stadt-Haus am Markt in Strausberg

tipp

Die Strausberger Fähre verbindet auf einer 360 m langen Strecke über den Straussee die Stadt mit dem gegenüberliegenden Ufer. Sie wurde 1894 in Betrieb genommen, damals mit einem großen Handrad betrieben, und ist heute die einzige Fähre in Europa, die mit einer elektrischen Oberleitung fährt. Sie verkehrt von Ende März/Anfang April (je nach Witterung) bis Ende Oktober im Abstand von 30 Min.

und wandern zunächst auf einem Kopfsteinpflasterweg, dann auf breitem, rasenbewachsenen Sandweg zur **Schillerhöhe** (2 Std.), wo sich ein überdachter Sitzplatz befindet.

Über die Wesendahler Straße (Wegweiser Strausberg-Stadt) kommen wir zur Bundesstraße, die wir überqueren und auf einem Fußweg am Ufer des Straussees bis zur Badstraße wandern. In diese biegen wir nach rechts, kommen an einer Liegeweise vorbei zur Wriezener Straße. Diese überqueren wir und biegen nach wenigen Metern in die Straße An der Stadtmauer ein, überqueren sie bei der nächsten Ampelkreuzung nach links und gelangen zum S-Bahnhof **Strausberg-Stadt** (2:45 Std.).

26 Von Buckow zum Krugberg

In waldreicher Umgebung: Buckow – Großer Tornowsee – Dachsberg – Krugberg – Wurzelfichte – Buckow

 mittel

 9,5 km

3 Std.

103 m

ja

Tourencharakter: Abwechslungsreiche Wanderung mit An- und Abstiegen auf Waldwegen, Abstieg vom Krugberg zur Wurzelfichte bei feuchter Witterung rutschig.
Beste Jahreszeit: Frühjahr bis Herbst.
Ausgangs-/Endpunkt: Buckow, Strandbad.
Wanderkarte: Kompass Wander- und Radtourenkarte Nr. 746, Märkische Schweiz, 1:50 000.
Markierung: Gelber Querstrich, grüner Querstrich, blauer Querstrich.
Verkehrsanbindung: Autobahn A 10 Berliner Ring, Ausfahrt Berlin-Hellersdorf, auf B1/B5 Richtung Frankfurt/O. bis Müncheberg, dort Abzweig nach Buckow. Bahn: Mit RB 26 von Berlin-Lichtenberg bis Müncheberg, umsteigen in den Anschlussbus am Bahnhofsvorplatz.

Einkehr: Buckow: Strandcafé am Schermützelsee, Wriezener Straße 28; Romantisches Gasthaus Stobbermühle, Wriezener Straße 2; Restaurant & Pension Zur Märkischen Schweiz, Hauptstraße 73.
Unterkunft: Buckow: Hotel Bellevue, Tel. 033433/6480, Fax 033433/64828; Hotel & Restaurant Bergschlößchen***, Tel. 033433/57312, 57413, 57414, Fax 033433/57412; Hotel & Restaurant Stobbermühle, Tel. 033433/66866, 66833, Fax 033433/66844, www.Stobbermuehle.de
Tourist-Info: Fremdenverkehrsamt Märkische Schweiz, Wriezener Straße 1a, 15377 Buckow, Tel. 033433/5 75 00 und 6 59 82, Fax 033433/5 77 19 und 6 5920.

Ein Kranz von Moränenhügeln und die schöne Lage am Schermützelsee sorgten dafür, dass Buckow auch als die »Perle der Märkischen Schweiz« bezeichnet wird. Von den zahlreichen Wanderungen in die Umgebung gehört ein Ausflug zum Krugberg zu den reizvollsten Touren.

Tipp

Berühmt wurde Buckow auch durch den Sommersitz von Bertolt Brecht und Helene Weigel in der Bertolt-Brecht-Straße 29 am Ostufer des Schermützelsees. Er ist als Gedenkstätte eingerichtet und kann besichtigt werden.

Der Wegverlauf

Wir starten am Strandbad in **Buckow** und gehen die Wriezener Straße wenige Meter in Richtung Bollersdorf, biegen rechts in den Weinbergsweg und kommen zum Wegweiser am Parkplatz. Dort folgen wir dem Hinweis zur Pritzhagener Mühle (Markierung gelber Querstrich) zunächst auf einer Asphaltstraße, halten uns nach 15 Min. an der Gabelung links und kommen zur **Günther-Quelle.** Auf einem Waldweg geht es abwärts in das **Stobbertal**, durch das wir immer der Markierung gelber Querstrich folgend zum **Großen Tornowsee** gelangen (1 Std.). Dort wandern wir geradeaus weiter, kommen bald am Abzweig zur Pritzhagener Mühle (600 m) vorbei und erreichen eine Gabe-

26

lung mit dem Wegweiser Silberkehle Pritzhagen. Hier folgen wir der Markierung blauer Querstrich nach links auf schmaler Asphaltstraße. Wo links ein Pfad (Wegweiser Silberkehle 500 m) abzweigt, verlassen wir die Asphaltstraße und kommen zum Wegweiser Poetensteig, Silberberg (0,5 km) Dachsberg (1 km). Unser mit einem grünen Querstrich markierter Wanderweg führt nun durch einen Buchenwald aufwärts zur Schutzhütte am **Dachsberg**, wo sich eine schöne Aussicht über

die bewaldete Hügellandschaft der Märkischen Schweiz mit dem Tornowsee bietet (1:30 Std.).

Nun wandern wir auf dem Poetensteig zum Wegweiser Finkenherd, folgen der Markierung gelber Punkt auf den **Krugberg**, wo man eine schöne Aussicht genießen kann. Von hier geht es durch die Drachenkehle abwärts zur Wurzelfichte (2:30 Std.) und der Markierung blauer Querstrich folgend nach **Buckow** zurück (3 Std.).

Rast bietet die Schutzhütte auf dem Dachsberg.

27 Zu den Oderhängen bei Seelow

Die Blütenpracht der Adonisröschen: Mallnow – Rundweg am Huderberg – Mallnow

 leicht

 4 km

 1 Std.

 gering

 ja

Tourencharakter: Sehr eindrucksvolle Rundwanderung auf bequemen Wiesenwegen, vor allem zur Zeit der Adonisröschenblüte im März/April ein besonderes Erlebnis.
Beste Jahreszeit: Frühjahr.
Ausgangs-/Endpunkt: Manufaktur in Mallnow.
Wanderkarte: Kompass Wander- und Radtourenkarte Nr. 746, Märkische Schweiz, 1:50 000.
Markierung: Adonisrösche-Bblüte.
Verkehrsanbindung: Autobahn A 10 Berliner Ring, Ausfahrt Berlin-Hellersdorf, auf B 1/5 über Müncheberg bis Seelow, auf

B 167 Richtung Lebus nach Mallnow.
Einkehr: Mallnow: Gaststätte Adonisröschen, Bruchweg 8.
Unterkunft: Seelow: Hotel Brandenburger Hof***, Tel. 03346/8 89 40, Fax 03346/8 89 42. Lebus: Gasthof Rosencafé, Tel. 033604/52 22 und 52 17, Fax 033604/52 22. Mallnow: Landherberge Der lustige Strohsack, Tel. 033602/5 81 07.
Tourist-Info: Tourist-Information Oderbruch e.V., Mittelstraße 10, 15306 Seelow, Tel. 03346/84 98 08, Fax 03346/84 98 07, E-Mail: seelow-tours@t-online.de

Die Oderhänge zwischen Seelow und Frankfurt/Oder gehören zur Zeit der Adonisröschen-Blüte zu den besonderen Attraktionen am Rande des Oderbruchs. Diese Gegend in der Region Märkisch-Oderland bietet noch mehr Sehenswürdigkeiten, die einen Besuch wert sind.

Special

Die Adonis-Sage
Die Göttin Aphrodite, die den Kriegsgott Ares als Liebhaber hatte, liebte auch den schönen Adonis. Aus Eifersucht verwandelte sich Ares bei der Jagd in einen Eber und tötete Adonis. Nach dem Wunsch der Göttin sollten überall dort Blumen sprießen, wo das Blut von Adonis die Erde berührte. So geschah es auch, und zahlreiche kleine rote Blüten bedeckten den Boden. Der Botaniker Linné nahm diese Sage zum Anlass, die Pflanze Adonis zu nennen, zu der auch das leuchtend rot blühende Sommer-Adonisröschen gehört. Besonderer Beliebtheit erfreut sich allerdings das Frühlings-Adonisröschen mit seinen schönen gelben Blüten.

Der Wegverlauf
Wir beginnen diesen gemütlichen Spaziergang bei der Manufaktur in der Ortsmitte von **Mallnow**. Hier ist der Sitz des Dorfentwicklungsvereins »Malnow« e.V., wo es Ausstellungen, Literatur und Auskünfte über das Dorf gibt. Ein Dorflehrpfad informiert über seine Geschichte.

Wir gehen die Bruchstraße entlang bis zur **Gaststätte Adonisröschen**, wo der Rundweg durch einen Teil des 280 ha großen Naturschutzgebietes **»Oderhänge«** beginnt. Besonders im März und April kommen viele Besucher, denn dann stehen am Fuße des **Huderberges** Tausende von **Adonisröschen** in voller Blüte. Diese botanische Kostbarkeit

27

Die Adonis-röschenhänge bei Mallnow im April.

stammt aus den Steppengebieten Osteuropas und hat sich nach der letzten Eiszeit bis nach Mitteleuropa ausgebreitet.

Wir folgen dem Wegweiser mit der stilisierten Adonisblüte und gelangen allmählich abwärts. Der Weg führt in die Niederung, unmittelbar an den Adonisröschen vorbei, aber auch andere Frühlingsblumen begleiten den Weg. An einer Gabelung biegen wir nach links und nähern uns einem kleinen Feld, wo ökolo-gisch vertretbarer Landbau betrie-ben wird. Auf der anderen Feldseite schwenken wir nach rechts, gewin-nen allmählich wieder an Höhe und erreichen einen Picknickplatz mit Bänken. Von hier können wir wie-der die schöne Aussicht über die hügelige Landschaft mit den **Ado-nisröschenhängen** genießen (1 Std.). Nun sind es nur noch wenige Meter bis zum Ausgangspunkt (1 Std.). Hier bietet sich neben der Gaststätte der Besuch eines Ökohofes an, wo neben einem Kräutergarten zahl-reiche Haustiere – teilweise auch seltene Rassen – bestaunt werden können.

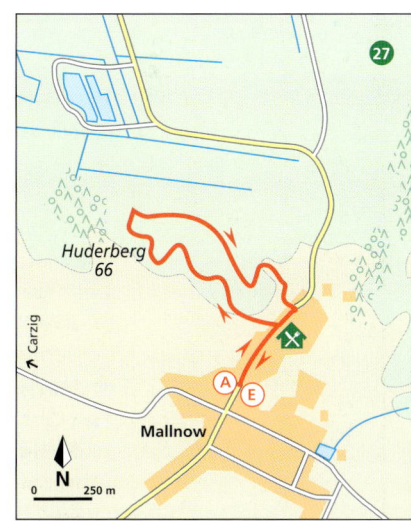

28 Durch die Rauener Berge

Im Hain mit sagenhaften Steinen: Bad Saarow – Markgrafensteine – Steinerner Tisch – Markgrafensteine – Bad Saarow

leicht	
 9 km	
2½ Std.	
100 m	
☺ ja	

Tourencharakter: Streckenwanderung auf schattigen Waldwegen.
Beste Jahreszeit: Frühjahr bis Herbst.
Ausgangs-/Endpunkt: Bad Saarow, Bahnhof.
Wanderkarte: Kompass Wander- und Radtourenkarte Nr. 746, Märkische Schweiz, 1:50 000.
Markierung: Weißes Quadrat.
Verkehrsanbindung: Autobahn A 12 Berlin-Frankfurt/O, Ausfahrt Fürstenwalde, Richtung Beeskow nach Bad Saarow.
Einkehr: Restaurant Park Café, Theater am See, Seestraße 22; Restaurant Drei Stuben, Cecilienpark; Catharinen Café, Ulmenstraße 15.
Unterkunft: Bad Saarow: Hotel Ville Contessa****, Tel. 033631/5 80 18, Fax 033631/5 80 19; Hotel/Restaurant Azur***, Tel. 033631/52 14, Fax 033631/52 16; Hotel garni Am Seerosenteich, Tel./Fax 033631/26 87.
Tourist-Info: Kur- und Fremdenverkehrsgesellschaft Saarow Centrum, Ulmenstraße 15, 15526 Bad Saarow, Tel. 033631/86 80, Fax 033631/86 81 20. E-Mail: info@bad-saarow.de, Internet: www.bad-saarow.de

Tipp

Die Rauener Berge entstanden als Stauch- und Endmoräne während der letzten Eiszeit. Mit dem Eis wurden von Norden her riesige Findlinge transportiert, so auch die Markgrafensteine. Den größten Stein spaltete man 1827 mit Hilfe trockener Holzkeile in drei Teile und fertigte aus dem Mittelstück die 6,91 m Durchmesser messende Granitschale, die den Platz vor dem Alten Museum in Berlin ziert.

Am schönen Scharmützelsee gelegen, zieht Bad Saarow wegen seiner Heilquelle schon lange Gäste an, zu denen auch berühmte Persönlichkeiten wie der Boxer Max Schmeling, der Schriftsteller Maxim Gorki oder die Schauspielerin Käthe Dorsch gehörten. Heute bietet der Ort eine Vielfalt an Freizeitbeschäftigungen wie Segeln, Golfen und Reiten, aber auch Wandern gehört dazu. Ein schöner Spaziergang führt in die Rauener Berge mit den Markgrafensteinen.

Der Wegverlauf

Wir starten am Bahnhof in **Bad Saarow-Pieskow** und gehen geradeaus die Ulmenstraße entlang. Unser Weg führt am russischen Blockhaus vorbei, das 1826 von Friedrich Wilhelm III. für die Sänger seiner Garderegiments in Potsdam gebaut und 1912 nach Bad Saarow versetzt wurde. Wo die Kirchstraße abzweigt, schwenken wir nach links, überqueren die Seestraße und kommen zum **Scharmützelsee**, mit einer Fläche von 12,8 Quadratkilometer der größte See Brandenburgs. Von der ins Wasser gebauten Plattform – dem **Kurfürsten-Blick** – lässt sich die gesamte

Schönheit des »Märkischen Meeres« überblicken. Unser Weg führt am Ufer entlang, beschreibt einen Schwenk beim Restaurant-Café »Seebad« und führt zur Schiffsanlegestelle mit dem Hafenservice. Hier verlassen wir den Uferweg nach rechts, überqueren den Parkplatz bei der Lindenstraße und kommen zur Ecke **Kolpinstraße** (30 Min.).

Hier finden wir einen Wegweiser **Rauener Berge** und folgen der Markierung weißes Quadrat 200 m auf der Asphaltstraße. Dann biegen wir nach rechts und wandern auf einem schönen Waldweg. Eichen, Kiefern, Ahorne und uralte Akazien begleiten uns. An der folgenden Gabelung halten wir uns rechts, beim Wegweiser links und an einer Sitzgruppe rechts. Wir kommen zu einer Info-Tafel »Naturlehrpfad Rauener Berge«, folgen geradeaus weiter der Markierung weißes Quadrat. Die Landschaft wird hügeliger, und bald erreichen wir

Am Scharmützelsee

den Rastplatz bei den **Markgrafensteinen** (1 Std.).

Wir folgen dem schmalen Weg weiter und kommen nach einem kleinen Anstieg zum **Steinernen Tisch**, ebenfalls ein Rest des großen Steins (1:15 Std.). Vom Steinernen Tisch aus treten wir den Rückweg auf dem **Herweg** an (2:30 Std.).

Special

Auf dem Rückweg bietet sich von der Info-Tafel »Naturlehrpfad Rauener Berge« eine Rundwanderung auf dem Lehrpfad an (Markierung grüner Schrägstrich). Tafeln über Pilze, Wildfährten, Baumarten, Vögel, Ameisen und den Bergbau begleiten den Lehrpfad.

29 Um den Treppelsee

Rast im Forsthaus Siehdichum: Bremsdorfer Mühle – Treppelsee –
Hammersee – Forsthaus Siehdichum – Bremsdorfer Mühle

○	leicht
🚶	11 km
🕐	2¾ Std.
⛰	keine
☺	ja

Tourencharakter: Sehr schöne Wanderung auf breiten Waldwegen mit herrlichen Durchblicken zur Wasserfläche. Besonders reizvoll im Frühjahr, wenn die Bäume wenig Laub haben und zahlreiche Frühlingsblumen in Blüte stehen.
Beste Jahreszeit: Frühjahr.
Ausgangs-/Endpunkt: Bremsdorfer Mühle.
Wanderkarte: Kompass Spezial Wander-, Rad- und Reitwegekarte Nr. 1043, Schlaubetal, 1:50 000.
Markierung: Gelber Querstrich, blauer Querstrich.
Verkehrsanbindung: Von der Autobahn A 12, Abfahrt Müllrose, über Müllrose

und Mixdorf bis Grunow, dann auf B 246 Richtung Eisenhüttenstadt bis Bremsdorfer Mühle. Busverbindung mit Beeskow und Eisenhüttenstadt.
Einkehr: Am Treppelsee: Gaststätte Bremsdorfer Mühle. Unterwegs: Forsthaus Siehdichum.
Unterkunft: Müllrose: Pension am See, Tel. 033606/3 04, Fax 033606/49 81; Hotel Kaisermühle, Tel. 033606/8 80, Fax 033606/8 81 00; Gasthaus & Pension Am Kanal, Tel. 033606/7 01 00.
Tourist-Info: Schlaubetal-Information, Kietz 5, 15299 Müllrose, Tel./Fax 033606/6 67.

Blick auf den romantisch gelegenen Großen Treppelsee

Das Schlaubetal ist auch als das »Tal der Mühlen« bekannt, wo die Bremsdorfer Mühle schon lange ein beliebtes Ausflugsziel ist. An diesem prachtvollen Fachwerkbau dreht sich als Zeuge der Vergangenheit immer noch ein großes Wasserrad, und die Gaststätte lädt zum Verschnaufen ein.

Der Wegverlauf

Wir starten an der Bushaltestelle **Bremsdorfer Mühle** an der B 246, wo wir auch einen Wegweiser Scherlauchteich 4 km, Forsthaus Siehdichum 6,5 km finden. Der Markierung gelber Querstrich folgend befinden wir uns zunächst auf einem geomorphologischen Lehrpfad. Er führt am Fuß des **Kranichberges** zwischen einem Erlenbruchwald mit dominierenden Erlen, aber auch Weiden, Faulbaum und einzelnen Birken sowie Kiefernwald entlang. Allmählich nähern wir uns dem **Treppelsee**. Zunächst säumen kleine Wiesenflächen mit Großseggen das Ufer, dann führt der Weg direkt an den See, wo eine Bank zum Verweilen einlädt. Besonders im Frühjahr bieten sich noch schöne Durchblicke, und die junge Laubfärbung lässt die Bäume in zarten Pastelltönen erscheinen. Beim Wegweiser Scherlauchteich 1 km, Siehdichum 3,5 km verlassen wir das Seeufer. Dort wenden wir uns scharf nach links und sehen bald auf der rechten Seite den Scherlauchteich durch die Bäume schimmern (1:15 Std.).

An dieser Stelle befindet sich eine Wegkreuzung, wo die Wanderung abgekürzt werden kann.

Variante: Nach links wenden, eine Brücke überqueren, um nach 200 m zum Wanderweg mit einem blauen Querstrich zu kommen. Dieser Weg führt in 1 Std. zum Ausgangspunkt bei der Bremsdorfer Mühle zurück.

Wir gehen an dieser Wegkreuzung geradeaus am **Hammersee** entlang und sehen durch die Bäume schon das **Forsthaus Siehdichum** am Seeufer schimmern (1:45 Std.). Dort angelangt, folgen wir dem Wegweiser **Bremsdorfer Mühle** (Markierung blauer Querstrich). Uns erwartet ein schöner, breiter Hangweg, der anfangs durch Traubeneichen-Kiefernwald, später durch Buchenwald führt. Wir kommen an einem kleinen Campingplatz mit Badestelle vorbei zum Ausgangspunkt Bremsdorfer Mühle zurück (2:45 Std.).

Müllrose liegt an der Mündung der Schlaube in den Oder–Spree–Kanal und wird als »Tor zum Schlaubetal« bezeichnet. Der Marktplatz wurde in seiner quadratischen Form bereits Mitte des 13. Jh. angelegt, sehenswert ein Jugendstilhaus und die um 1746 errichtete barocke Pfarrkirche. Empfehlenswert ist eine Wanderung um den Müllroser See (9 km).

30 Von Kieselwitz zum Wirchensee

Im stillen Tal der Schlaube: Kieselwitz – Kieselwitzer Mühle – Wirchensee – Kieselwitz

 mittel

 15 km

 3½ Std.

 keine

 ja

Tourencharakter: Eine sehr reizvolle Wanderung im stillen Tal der Schlaube, die auf bequemen Waldwegen entlang führt.
Beste Jahreszeit: Frühjahr und Herbst.
Ausgangs-/Endpunkt: Kieselwitz, Ortsmitte.
Wanderkarte: Kompass Spezial Wander-, Rad- und Reitwegekarte Nr. 1043, Schlaubetal, 1:50 000.
Markierung: Roter Querstrich, blauer Querstrich.
Verkehrsanbindung: Autobahn A 12, Ausfahrt Müllrose, über Müllrose, Mixdorf zur B 246, bis Fünfeichen

und dort nach Kieselwitz abbiegen. Busverbindung mit Eisenhüttenstadt.
Einkehr: Am Wirchensee: Waldsee-Hotel am Wirchensee.
Unterkunft: Müllrose: Pension am See, Tel. 033606/3 04, Fax 033606/49 81; Hotel Kaisermühle, Tel. 033606/8 80, Fax 033606/8 81 00; Gasthaus & Pension Am Kanal, Tel. 033606/7 01 00. Mixdorf: Gasthaus & Pension Krug zum Schlaubetal, Tel. 033655/52 52.
Tourist-Info: Schlaubetal-Information, Kietz 5, 15299 Müllrose, Tel./Fax 033606/6 67.

Das Schlaubetal gehört mit seinen zahlreichen großen und kleinen Seen zu den schönsten Tälern im Brandenburger Land, wo in fast unberührter Natur ein Reichtum an seltenen Tieren und Pflanzen vorhanden ist. Unter den kulturhistorischen Schätzen findet man auch sehenswerte Dorfkirchen und Mühlen.

Der Wegverlauf

Ausgangspunkt ist die Ortsmitte in **Kieselwitz** beim Gemeindeamt, wo sich in der Nähe auch der Wegweiser zur Kieselwitzer Mühle befindet. Wir folgen zunächst der Hauptstraße (Markierung roter Querstrich) in einen Kiefernwald und gelangen auf einem Asphaltband abwärts zur **Kieselwitzer Mühle** (30 Min.). Dort wenden wir uns nach links und folgen dem Wegweiser zum Wirchensee (Markierung blauer Querstrich).

Es folgt ein schöner Uferweg, zunächst an Angelteichen entlang (Angelscheine gibt es in der Kieselwitzer Mühle), dann überqueren wir kleine Zuflüsse über Holzbrücken und kommen zum Naturschutz- und Informationszentrum **Schlaubemühle** (1:15 Std.). (geöffnet April–Oktober 8.30–18.00 Uhr, Sa, So 14.00–17.00 Uhr, November–März 8.30–16.00 Uhr.) Von dort gehen wir wenige Meter bis zur Straße, biegen nach rechts über die Brücke, überqueren die Straße und folgen bei der Bushaltestelle dem Waldweg (Wegweiser Naturpark Schlaubetal Verwaltung/Naturwacht).

Wir kommen zum **Wirchensee**, wo bei der Verwaltung ein Rundweg beginnt. Hier wenden wir uns nach rechts und wandern um den

Tipp

Zwischen dem Schlaubetal und der Oder-Neiße-Mündung gelegen, ist Neuzelle durch seine Klosterkirche mit barocker Innenausstattung berühmt, die von Malern und Bildhauern der Wessobrunner Schule im 18. Jh. geschaffen wurde. Berühmt ist Neuzelle auch wegen seiner letzten produzierenden Klosterbrauerei. Hier wird das Neuzeller »Klosterbräu«, eine besondere Bierspezialität, hergestellt.

See. Beim Waldsee-Hotel am Wirchensee (2:15 Std.) treffen wir auf die Markierung blauer Querstrich und folgen dem Wegweiser Kieselwitzer Mühle. Wir überqueren die Straße nach Treppeln, gehen nach links und wandern auf dem bekannten Uferweg an der Schlaube zurück nach **Kieselwitz** (3:30 Std.).

Die Angelteiche im Schlaubetal

Variante: Wer nicht den gleichen Weg zurückgehen und ein Hügelgrab besichtigen möchte, biegt nach dem Überqueren der Straße nach rechts, folgt dieser wenige Meter in Richtung Treppeln und nimmt den abzweigenden Schotterweg in den Wald. An einer Dreiergabelung gehen wir den mittleren Weg. Er führt an einer elektrischen Freileitung entlang bis nach Kieselwitz (1:15 Std.).

Etwa einen Kilometer vor dem Ort sieht man rechts im Wald das eingezäunte Hügelgrab.

31 Im Naturschutzgebiet Byttna

Auf dem heiligen Weg zu den Göttereichen: Straupitz – NSG Byttna – Florentinen-Eiche – Byhleguhrer See – Straupitz

○	leicht
 **km**	11 km
◔	2³/₄ Std.
⛰	keine
☺	ja

Tourencharakter: Angenehm zu gehende Wanderung, vorwiegend auf Feld- und Wiesenwegen, wenig Schatten.

Beste Jahreszeit: Frühjahr bis Herbst.

Ausgangs-/Endpunkt: Straupitz, Kirche

Wanderkarte: Kompass Wander- und Radtourenkarte Nr. 748, Spreewald, 1:50 000.

Markierung: Grüner Punkt, gelber Querstrich.

Verkehrsanbindung: Autobahn A 13, Ausfahrt Freiwalde oder Duben, über Lübben nach Straupitz. Busverbindung mit Lübben.

Einkehr: Straupitz: Fischrestaurant Zum Wassermann, Cottbusser Straße 1; Gasthaus zur Byttna, Cottbusser Straße 28.

Unterkunft: Lübben: Spreewaldhotel Stephanshof***, Tel. 03546/27 21-0, Fax 03546/27 21 60; Hotel-Restaurant Spreeblick, Tel. 03546/23 20, Fax 03546/23 22 00.

Tourist-Info: Heimat- und Fremdenverkehrsverein Straupitz e.V, Bahnhofstraße 36 (Tourist-Info Lübbener Straße 28), 15913 Straupitz, Tel./Fax 035475/1 67 71

Zwischen Straupitz und Byhleguhre befindet sich das Naturschutzgebiet Byttna mit einer vielfältigen Pflanzenwelt, aber auch tausendjährigen Eichen, zu denen der im Volksmund so bezeichnete »heilige Weg« führt.

Der Wegverlauf

Wir starten in **Straupitz** bei der Kirche mit ihren Zwillingstürmen, einem der Meisterwerke des Klassizismus, die nach Plänen Karl Friedrich Schinkels zwischen 1828 und 1832 erbaut wurde. Hier gehen wir die Kirchstraße entlang, kommen am Fährhafen Straupitz vorbei und folgen dem Wegweiser Byttna (Markierung grüner Punkt). Wir wandern auf einer schmalen Asphaltstraße am Schloßpark vorbei und verlassen die Asphaltstraße bei einer großen Eiche am Wegweiser Rundwanderweg Straupitz nach links. Nun wandern wir auf einem festen Sandweg zwischen

31

Von Schinkel entworfen: Die Zweiturmfassade der evangelischen Kirche Straupitz

von Baumgruppen umkränzten Wiesen mit allerlei Heilkräutern, wie zum Beispiel Schafgarbe und Johanniskraut. Beim nächsten Abzweig halten wir uns links, überqueren einen Graben, wo sich viele Libellenarten aufhalten, und wandern bis zu ei-

Tipp

Die Holländermühle in der Laasower Straße 11 a in Straupitz ist Deutschlands einzige funktionierende Dreifachschaumühle. Um 1640 als Bockwindmühle gebaut, wurde sie nach umfassender Restaurierung 1995 als Ölmühle, Sägemühle und Kornmühle eingeweiht. Auf einem Rundgang können die einzelnen Bereiche besichtigt werden, Besichtigung nach Anmeldung unter Tel. 035475/1 69 97. Frisch und warm gepresstes Leinöl gibt es Dienstag bis Donnerstag zwischen 16.00 und 18.00 Uhr.

31 nem Querweg. Hier bietet sich ein Abstecher (500 m) zur Kaiser-Wilhelm-Eiche an. Unser Wanderweg führt nach rechts weiter, auf einem breiten Fahrweg begleiten uns zahlreiche alte Eichen, zu denen auch die Christoph-Heinrich-Eiche gehört. Die älteste ist allerdings die **Florentinen-Eiche** mit einem Stammumfang von 8,35 m, vor deren »Ruine« wir bald stehen (1 Std.). Dennoch lohnt es sich vom Sitzplatz aus, diese altehrwürdige Göttereiche mit ihren gespenstig anmutenden Aststummeln zu bestaunen. Wir setzen unseren Weg fort und kommen zur Straße, diese überqueren wir schräg nach links und erreichen an der Straße nach Byhlen einen Parkplatz mit Wegweiser.

Variante: Vom Parkplatz ist der Rückweg nach Straupitz (2,5 km) möglich (Markierung grüner Punkt).

Wir folgen dem **Wegweiser Byhlegure** nach rechts und wandern parallel zur Straße auf einem Pfad zwischen Bäumen, überqueren die Straße und wandern zum

Die Florentineneiche am Wanderweg ist nur noch als Baumruine vorhanden.

Seeufer (1:45 Std.). Hier kann man nach eigenem Ermessen eine Umrundung des Sees (5,5 km) vornehmen (Markierung gelber Querstrich) oder nur einen Teil des Weges am See entlang gehen und an einer der stillen Badebuchten verschnaufen.

Der Rückweg erfolgt wie der Herweg bis zum Parkplatz an der Straße nach Byhlen, von dort folgen wir dem Wegweiser nach Straupitz (Markierung grüner Punkt) auf einem schattigen Weg, der von alten Akazien gesäumt wird. Am Ortseingang von **Straupitz** wenden wir uns nach links und gehen die Bahnhofstraße bis zum Ausgangspunkt (2:45 Std.).

Von Lübbenau nach Lehde

Im Herzen des Spreewaldes: Marktplatz in Lübbenau – Schloßpark – Lehde – Kahnhafen in Lübbenau – Marktplatz in Lübbenau

32

Tourencharakter: Schöner Spaziergang auf bequemen Wegen, führt über zahlreiche Brücken und an zahlreichen Sehenswürdigkeiten vorbei.
Beste Jahreszeit: Frühjahr bis Herbst.
Ausgangs-/Endpunkt: Lübbenau, Marktplatz.
Wanderkarte: Kompass Wander- und Radtourenkarte Nr. 748, Spreewald, 1:50 000.
Markierung: Grüner Schrägstrich.
Verkehrsanbindung: Autobahn A 13, Ausfahrt Freiwalde oder Duben, über Lübben nach Lübbenau. Bahn:

Berlin–Cottbus (Bahnhof liegt 1 km vom Ort entfernt).
Einkehr: Lübbenau: Zahlreiche Gaststätten. Lehde: Gasthaus Hirschwinkel, An der Dolzke 6.
Unterkunft: Lübbenau: Hotel Schloss Lübbenau, Tel. 03542/87 30, Fax 03542/87 36 66; Frühstückspension Am Holzgraben, Tel. 03542/22 21, Fax 03542/20 34.
Tourist-Info: Spreewald-Touristinformation Lübbenau, Ehm-Welk-Straße 15, 03222 Lübbenau. Tel. 03542/36 68, E-Mail: info-luebbenau@spreewald-online.de

○	leicht
🥾 km	7 km
⏱	1¾ Std.
⛰	keine
☺	ja

»Man kann nichts Lieblicheres sehen als dieses Lehde, das aus ebenso vielen Inseln besteht, wie es Häuser hat«, bemerkte einst Theodor Fontane. Ob als Kahnpartie oder Wanderung – ein Besuch dieses Kleinodes gehört immer noch zu den Höhepunkten einer Spreewaldreise.

Der Wegverlauf

Vom Marktplatz in **Lübbenau** gehen wir zum Topfmarkt, wo das Torbogenhaus aus rotem Backstein auffällt. Es beherbergt das Spreewaldmuseum mit Ausstellungen zur Regionalgeschichte und zum Handwerk der Region. Vom Museum gehen wir zurück

Lehde ist eines der reizvollsten – und wohl das schönste – aller Spreewalddörfer, das erst seit 1929 auf dem Landweg erreichbar ist. Dort findet man zahlreiche uferverbindende Holzbrücken, dicht an die schmalen Fließe gebaute Blockhäuser und die typischen Spreewaldkähne, auf denen die Gondolieri lautlos zahllose Touristen durch die reizvolle Auenlandschaft staken. Dazwischen dehnen sich künstlich erhöhte Horstäcker, auf denen schon seit Jahrhunderten Gurken und Meerrettich angebaut werden.

32

und geradeaus durch die Mittelstraße zur Schulstraße. In diese biegen wir nach links und schwenken dann nach rechts in die Sandgasse. Sie mündet auf die Spreestraße – links sehen wir den kleinen Hafen »Am Spreeschlößchen«, wenden uns nach rechts und gehen geradewegs auf die Nikolaikirche zu. Beim Kirchplatz biegen wir nach links und kommen über die Ehm-

32

Welk-Straße zum **Schlossbezirk**. Hier führt uns die Markierung grüner Schrägstrich durch das schmiedeeiserne Tor in den Schlossgarten, links ist das Schloss zu sehen, das heute als Hotel genutzt wird. An der Orangerie vorbei gelangen wir über eine kleine Brücke in den hinteren Parkteil, der im Stil eines Landschaftsparks gestaltet wurde. Wir folgen der Markierung grüner Schrägstrich bis zum Eiskellerteich und verlassen die Markierung grüner Querstrich. Wir gehen nach rechts über die Brücke (Wegweiser Rundgang) und kommen zum Campingplatz am Schlosspark (1 Std.).

Unser Weg führt zu einer Brücke, sie überqueren wir und wandern nun geradewegs nach Lehde. Am Ortseingang laden Bauernhaus- und Gurkenmuseum mit historischen Produktionsmitteln der Gurkeneinlegerei (geöffnet 10.00–18.00 Uhr) zu

einem Besuch ein. Unser Weg führt geradeaus weiter bis »**Zum Fröhlichen Hecht**«, einer traditionsreichen Gaststätte mit Kahnanlegestelle (1:30 Std.) gegenüber vom **Spreewaldmuseum**.

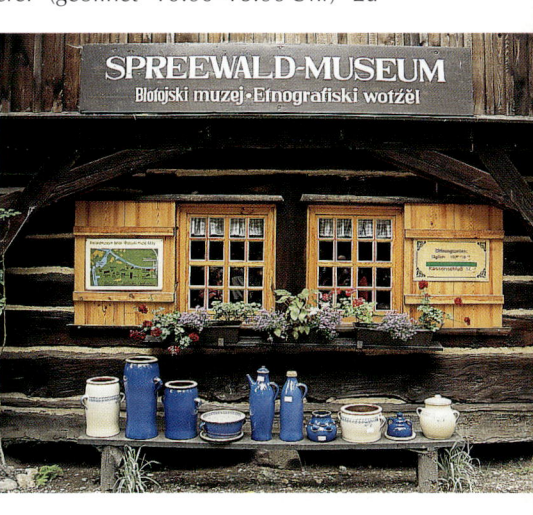

Wir setzen unsere Wanderung über die große Bogenbrücke fort, folgen dem Wegweiser Lübbenau (Markierung grüner Schrägstrich). Über mehrere Brücken kommen wir zum Leiper Weg, auch als Europa-Wanderweg E 10 ausgewiesen. Hier schwenken wir nach rechts und wandern zwischen zwei wasserführenden Gräben unter Laubbäumen bis zur Brücke am **Spreewaldhafen** in Lübbenau. Sie überqueren wir und gelangen über eine zweite Brücke zur Kahnabfahrtsstelle. Über den kleinen Platz mit zahlreichen Verkaufsständen von Spreewalderzeugnissen kommen wir zur Dammstraße, wenden uns nach rechts und gelangen über die Ehm-Welk-Straße zum Ausgangspunkt in **Lübbenau** (1:45 Std.).

Unweit der Gaststätte »Zum Fröhlichen Hecht« befindet sich das Spreewaldmuseum.

33 Von Burg zum Bismarckturm

Auf geschichtlichem Exkurs: Burg – Bismarckturm –
Heimatkundlicher Lehrpfad – Kräutergarten – Bismarckturm – Burg

 leicht

 11 km

 2³⁄₄ Std.

 keine

 ja

Tourencharakter: Bequeme Wanderung auf breiten Wegen und schmalen Pfaden, häufig wechselnde Eindrücke und Badegelegenheit.
Beste Jahreszeit: Frühjahr bis Herbst.
Ausgangs-/Endpunkt: Burg, Touristeninformation.
Wanderkarte: Kompass Wander- und Radtourenkarte Nr. 748, Spreewald, 1:50 000.
Markierung: Gelber Querstrich, grüner Schrägstrich, roter Querstrich.
Verkehrsanbindung: Autobahn A 15, Ausfahrt Vetschau bis Burg. Busverbindung mit Cottbus.

Einkehr: Unterwegs: Biergarten am Bismarckturm. Seehotel am Badesee. Burg: Gaststätte Zum Metzger, Hauptstraße 27. Gasthaus Zur Linde, Hauptstraße 38. Café Urban, Hauptstraße 39.
Unterkunft: Burg: Landgasthof/Pension Zur Wildbahn, Tel. 035603/2 93, Fax 035603/6 18 56; Landhotel Burg im Spreewald, Tel. 035603/6 46, Fax 035603/6 48 00.
Tourist-Info: Tourist-Information Burg (Spreewald), Am Hafen 6, 03096 Burg, Tel. 035603/4 17.

Die gewaltige Wallanlage auf dem Schlossberg bei Burg hatte als Denkmal der Bronzezeit einst eine überregionale Bedeutung als Kultanlage. Vom Bismarckturm aus lässt sich die Anlage gut überblicken, außerdem bietet sich von der Höhe eine faszinierende Rundsicht.

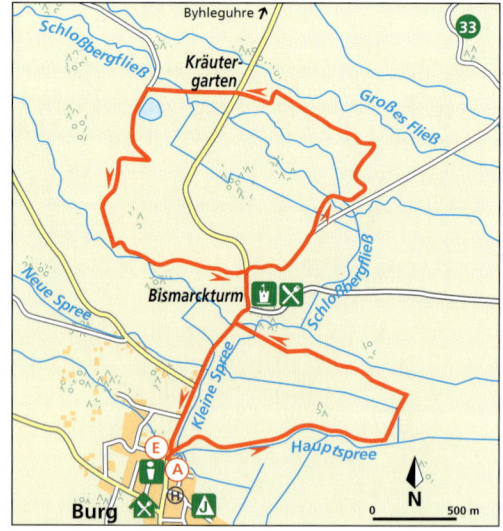

Der Wegverlauf

Wir starten in **Burg** bei der Touristinformation und gelangen über die Hafenstraße zur Hauptstraße. Dort wenden wir uns nach links und überqueren die **Hauptspree** beim Kahnfährhafen Burg. Nur wenige Meter danach schwenken wir bei einer Info-Tafel nach rechts, Wegweiser Bismarckturm (Markierung gelber Querstrich). Der Weg führt über eine Brücke und anschließend als schöner Wiesenpfad

Der 29 m hohe Bismarckturm auf dem Schlossberg wurde zwischen 1914 und 1917 erbaut und ist ein Werk Bruno Möhrings, der sich am Stil von David Gilly orientierte. Er steht an der Straße Burg–Straupitz und ist von April–Juni und September/Oktober täglich außer Do von 10.00–18.00 Uhr, im Juli/August täglich von 10.00–19.00 Uhr geöffnet.

entlang der Hauptspree. Bei einer Brücke, Sitzplatz und Infotafel schwenken wir nach links und gelangen auf eine Asphaltstraße. Hier wenden wir uns wieder nach links und wandern nun zwischen Wiesenflächen, kommen an einem Mast mit Storchennest vorbei und gelangen zu einem quer verlaufenden Radweg. Hier biegen wir nach rechts und sind in wenigen Minuten am **Bismarckturm** (1 Sd.). Dort folgen wir dem schmalen Asphaltband zum **Heimatkundlichen Lehrpfad** (Wegweiser), der nach 500 m als Rundweg beginnt. Dort finden wir eine Kreuzung mit überdachtem Sitzplatz und Wegweiser vor und folgen nun dem Weg geradeaus (Markierung grüner Schrägstrich). Bald

Der Bismarckturm in Burg

verlassen wir das schmale Asphaltband auf einem Feldweg. Bei der Tafel **Schloßbergfließ** schwenken wir nach links, kommen zur Straße Am Wiesenfließ und biegen hier nach links. Zwischen Feldern mit Gemüseflächen wandern wir nun dahin, hin und wieder fallen versteckt liegende Häuser auf, und schließlich überqueren wir die Straße Burg–Byhlegure und folgen der Straße Am Schloßbergfließ bis zu einer Asphaltstraße. Dort schwenken wir nach links und kommen nach wenigen Metern zu einem Badesee mit schönem Sandstrand (1:45 Std.).

Im weiteren Wegverlauf überqueren wir die Byhlegurer Straße und gelangen auf einem Pfad erneut zur Straße Burg–

33

Byhlegure. Auf der gegenüberliegenden Seite befindet sich ein sehenswerter **Kräutergarten** (2:15 Std.).

Wir gehen auf der Straße wenige Meter nach links, biegen abermals links ab (Wegweiser Bismarckturm, Spreewaldhafen) und kommen zur Wegkreuzung am überdachten Sitzplatz, wo sich die Runde Lehrpfad schließt. Hier wenden wir uns nach rechts, kommen zum Bismarckturm und folgen der Markierung roter Querstrich zum Spreewaldhafen in Burg und zur Touristeninformation (2:45 Std.).

Ein Besuch im Kräutergarten am Lehrpfad lohnt sich immer.

Zwischen Caminchen und Briesener See

Badefreuden an glasklaren Gewässern: Caminchen – Klein Leine – Barbassee – Briesener See – Caminchen

34

Tourencharakter: Schöne Feld- und Waldwanderung, häufig Sandwege, seltener feste Waldwege, streckenweise wenig Schatten, zahlreiche Badegelegenheiten.
Beste Jahreszeit: Frühjahr bis Herbst.
Ausgangs-/Endpunkt: Caminchen, Feuerwehrdepot.
Wanderkarte: Kompass Wander- und Radtourenkarte Nr. 748, Spreewald, 1:50 000.
Markierung: Gelber Querstrich, roter Querstrich, gelber Querstrich.
Verkehrsanbindung: Autobahn A 13, Ausfahrt Freiwalde oder Duben, über Lübben auf B 320 Richtung Strau-

pitz, nach Radensdorf Abzweig nach Caminchen.
Einkehr: Klein Leine: Gaststätte Haaseneck, Lübbener Straße, Mittwoch Ruhetag.
Unterkunft: Lübben: Spreewaldhotel Stephanshof***, Tel. 03546/27 21-0, Fax 03546/27 21 60; Hotel-Restaurant Spreeblick, Tel. 03546/23 20, Fax 03546/23 22 00.
Tourist-Info: Spreewaldinfo Lübben, Ernst-v.Houwald-Damm 15, 15907 Lübben/Spreewald, Tel. 03546/30 90, Fax 03546/25 43, E-Mail: spreewaldinfo@t-online.de

 leicht

 11 km

 2¾ Std.

 keine

ja

Wenn im Sommer die reifen Getreidefelder golden schimmern und die Feldraine von allerlei bunten Wiesenblumen gesäumt werden, dann ist die schönste Zeit für diese Wanderung. Erfrischung bieten an heißen Sommertagen die zahlreichen Badestellen an den glasklaren Seen.

 **Tipp**
Lübben wurde erstmals im 12. Jh. erwähnt und war im 17. Jh. dank seiner günstigen Lage an der Handelsstraße zwischen Leipzig und Frankfurt/Oder die Hauptstadt der Niederlausitz. Zu den sehenswerten Bauten gehört das Schloss aus der zweiten Hälfte des 17. Jh. Den Festsaal schmücken Gewölbedecken, die mit kunstvoller sorbischer Schlangenmalerei verziert sind.

34 Der Wegverlauf

Wir folgen vom Feuerwehrdepot in **Caminchen** der Dorfstraße in Richtung Spielplatz und biegen kurz davor nach links in den Weg ein (Wegweiser Klein Leine, Briesener See, Markierung gelber Querstrich). Zwischen Feldern mit Kornblumen wandern wir zum Waldrand und weiter nach Klein Leine, das wir auf der Waldower Straße erreichen (45 Min.).

Wir gehen durch den Ort und kommen zur Lübbener Straße, der wir nach links und im Rechtsbogen folgen. An einer Gabelung mit einer großen Eiche halten wir uns rechts und schwenken gleich wieder nach links auf einen Pfad. Am Friedhof vorbei nähern wir uns auf einem schönen Wiesenweg dem **Klein Leiner See**. Kurz davor schwenkt unser Wanderweg nach rechts, ein Abstecher zu idyllischen Badestellen lohnt sich dennoch (1 Std.).

Wir setzen unsere Wanderung mit der Markierung gelber Querstrich durch einen Kiefernwald fort, kommen zu einer Gabelung mit Wegweiser und folgen hier der Markierung roter Querstrich zum **Barbassee**. Es erwartet uns ein herrlicher Weg durch lichten Kiefernwald, von zahlreichen Birken begleitet. Von der nächsten Gabelung mit Wegweiser (Briesener See, Caminchen) an gilt wieder die Markierung gelber Querstrich, rechts schimmert schon der Barbassee durch

Der Wanderweg zwischen Klein Leiner See und Briesener See

die Bäume, der ebenfalls zum Baden einlädt (1:30 Std.).

Kurz nach dem See folgen wir dem Abzweig nach links und wandern auf festem Waldweg zum Campingplatz am **Briesener See** mit großem Sandstrand. Wir schwenken nach links, wandern zunächst auf dem Waldweg, dann auf einer Asphaltstraße und erreichen eine Ortsverbindungsstraße. Hier schwenken wir nach links und folgen beim Wegweiser Caminchen dem Waldweg. Über den Ortsteil Pechhütte kommen wir auf der Asphaltstraße zum Ausgangspunkt am Feuerwehrdepot in **Caminchen** (2:45 Std.).

Zum Belziger Hagelberg

Auf den höchsten »Berg« Brandenburgs: Belzig – Hagelberg – Klein Glien – Franzosenberg – Belzig

35

Tourencharakter: Schöne Wanderung auf bequemen Wegen, zum Hagelberg leichter Anstieg.
Beste Jahreszeit: Frühjahr bis Herbst.
Ausgangs-/Endpunkt: Belzig, Burg Eisenhardt.
Wanderkarte: Kompass Wander- und Radtourenkarte Nr. 747, Fläming, 1:50 000.
Markierung: Grüner und blauer Querstrich.
Verkehrsanbindung: Autobahn A 9, Ausfahrt Niemegk, auf B 102 nach Belzig. Busverbindung mit Potsdam

und Brandenburg. Bahn: Regionalbahn Berlin–Dessau.
Einkehr: Belzig: See-Café, Weitzgrunder Straße; Gaststätte Alter Brauhof, Straße der Einheit 16; Restaurant, Café Burg Eisenhardt, Straße der Einheit 41.
Unterkunft: Belzig: Burghotel, Tel. 033841/3 12 96, Fax 033841/3 12 97; Hotel Springbach-Mühle, Tel. 033841/62 10, Fax 033841/ 6 21 11; Hotel Burg Eisenhardt, Tel. 033841/ 60 30, Fax 033841/6 03 21.
Tourist-Info: Fläming-Tourismus e.V. Postfach 11 13, 14801 Belzig, Tel. 033841/3 04 10.

 mittel

 14¹⁄₂ km

 3¹⁄₂ Std.

 120 m

 ja

Mitten im Naturpark Hoher Fläming liegt Belzig, ein hübsches Städtchen mit sehenswerter Altstadt und der geschichtsträchtigen Burg Eisenhardt. Von hier aus bietet sich eine schöne Wanderung zum Hagelberg an. Er gehört zu einer Hügelkette, die vor 150 000 Jahren durch die Gletscher der Saale-Kaltzeit geformt wurden.

Der Wegverlauf

Wir starten bei der **Postmeilensäule** an der **Burg Eisenhardt**, schwenken beim Burgeingang nach links und gehen im Burggra-

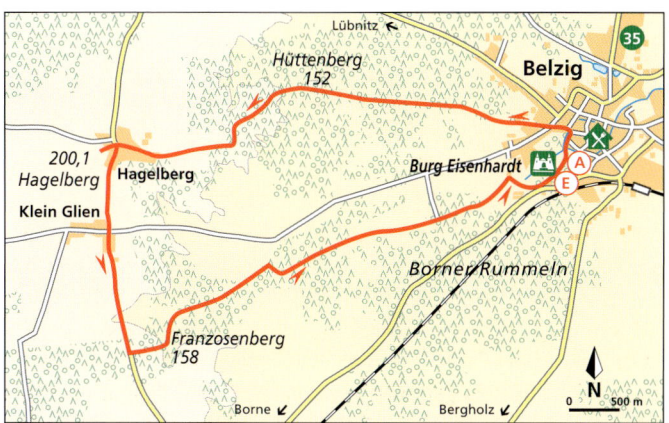

35

Im Sommer zeigt sich die Fläming – Landschaft von ihrer schönsten Seite.

ben abwärts (Markierung grüner und blauer Querstrich). Am Teich halten wir uns rechts und auf einer Baumallee Richtung Belzig. Rechts sehen wir die Türme der Kirche St. Marien und das Rathaus. Wir kommen zu einer Brücke, wenden uns zweimal nach links und überqueren die B 246. Durch den Grünen Grund stoßen wir auf einen Querweg mit Wegweiser Hagelberg 4,5 km, folgen weiter der Markierung grüner Querstrich auf einem Naturlehrpfad durch den Wald, der sich in einem breiten Trockental ausbreitet und gelegentlich die Blicke auf die Steilhänge freigibt. Beim Wegweiser Hagelberg schwenken wir nach links, am Querweg nach rechts und nach etwa 100 m nach links bis zu einer Schutzhütte. Dort gehen wir nach rechts und gelangen in den Ort **Hagelberg** (1 Std.).

Tipp

Die Landschaft des Hohen Fläming ist geprägt von »Rummeln«, einem System enger, verzweigter Trockentäler mit bis 12 m tiefen Rinnen, die sich im Laufe von Jahrtausenden durch Wind und Wasser gebildet haben. Sie führen nur bei starkem Regen und während der Schneeschmelze Wasser.

In der Ortsmitte halten wir uns links und biegen kurz vor dem Ortsausgangsschild nach rechts auf einen Feldweg, der auf den Hagelberg (200 m) führt.

Nachdem wir den höchsten »Berg« Norddeutschlands bestiegen haben, kehren wir zur Straße zurück, schwenken nach rechts und wandern bergab nach Klein Glien. Wir überqueren die B 246 und wandern weiter geradeaus in Richtung Borne. Beim folgenden Waldstück stoßen wir auf den Wanderweg Wiesenburg–Belzig und halten uns

Special

Nur 10 km südöstlich von Belzig liegt Wiesenburg mit seinem stattlichen Schloss und einem schönen Landschaftspark, der wegen zahlreicher dendrologischer Seltenheiten berühmt ist. Der runde Bergfried des Schlosses stammt noch von der mittelalterlichen Burg, die 1161 erstmals urkundlich erwähnt wurde. Die Zufahrt zum Schloss führt auf einem von Balusterreihen flankierten Brückenweg durch ein Torhaus (1864), das ebenfalls reich geschmückt ist.

35

links, wandern leicht abwärts und wählen an der folgenden Gabelung den linken Weg. Er führt am **Franzosenberg** (158 m) vorbei zu einem Hochsitz am Feld. Am Ende des Feldes folgen wir dem Fahrweg geradeaus durch Wald, dann am Feld entlang und schwenken beim Waldstück 2543 nach rechts. Beim Wanderwegweiser Belzig 3 km halten wir uns links und gehen zum Waldrand, dort biegen wir nach links und wandern zwischen Feldern zu einem Kiefernwald und folgen dem Weg geradeaus weiter nach **Belzig**, das wir bei einer Wochenendsiedlung erreichen. Auf einem Fahrweg nach rechts gehend überqueren wir einen Bach und folgen nach links dem Wegweiser zur **Burg Eisenhardt**, dem Ausgangspunkt (3:30 Std.).

In Wiesenburg laden Park und Schloss zu einem Besuch ein.

ANREISE

Flugzeug: Über Berliner Flughäfen Tegel, Tempelhof oder Schönefeld. Für den südlichen Teil Brandenburgs bietet sich als Alternative der Flughafen Dresden an.

Bahn: Direkte Fernverbindungen mit ICE und Interregio nach Potsdam, Cottbus und andere Orte in Brandenburg.

Von Berlin über das Netz des Regionalverkehrs Zugverbindungen in die gesamte Region.

Zahlreiche Verbindungen auch mit Regionalexpress und Regionalbahn sowie mit Privatbahnen. Auskünfte über 08105/99 66 33. Internet: www.bahn.de

Auto: Über die Autobahnen von Hamburg, Rostock, Frankfurt/Oder, Cottbus, Dresden, Leipzig und Magdeburg.

AUSKUNFT

Reiseland Brandenburg: TMB Informations- und Buchungsservice, Am Neuen Markt 1 – Kabinetthaus, 14467 Potsdam. Tel. 0331/2 00 47 47. Fax 0331/2 98 73 28. E-Mail: hotline@reiselandbrandenburg.de

Potsdam: Potsdam Tourismus GmbH, Postfach 60 12 20, 14412 Potsdam. Tel. 0331/2 75 58 55, Fax 0331/2 75 58 99. E-Mail: information@potsdam.de

Barnim: Tourismusgemeinschaft Barnimer Land e.V., Bergerstraße 97, 16225 Eberswalde. Tel. 03334/5 89 84 17, Fax 03334/5 89 84 20.

Dahme-Seengebiet: Kultur- und Tourismusverband Dahmeland e.V., Am Bahnhof, 15711 Königs-Wusterhausen. Tel. 03375/25 20 19, Fax 03375/25 20 28.

Fläming: Teltow-Fläming Informations- und Buchungsservice, Zinnaer Straße 34, 14943 Luckenwalde. Tel. 03371/64 35 50, Fax 03371/64 35 59.

Havelland: Tourismusverband Havelland, Goethestraße 4a, 14712 Rathenow. Tel./Fax 03385/51 23 36.

Märkisch-Oderland: Tourismusverband Märkisch-Oderland, Postfach 28, 15301 Seelow. Tel./Fax 03346/15 07 01.

Oder-Spree-Seengebiet: Tourismusverband »Oder-Spree-Seengebiet« e.V., Berliner Straße 30, 15848 Beeskow. Tel. 03366/25 33 00, Fax 03366/25 33 22.

Ruppiner Land: Tourismusverband Ruppiner Land e.V., Fisch-

bänkenstraße 8, 16816 Neuruppin. Tel.
03301/35 78 90, Fax 03301/35 79 07.
Spreewald: Tourismusverband Spreewald
e.V., Lindenstraße 1, 03226 Raddusch. Tel.
035433/7 22 99, Fax 035433/7 22 28.
Uckermark: Tourismusverband Uckermark
e.V., Schinkelstraße 32, 17268 Templin.
Tel. 03987/5 21 15, Fax 03987/25 49.

ANGELN
Mitglieder des DAV können kostenlos angeln, Nichtmitglieder können an Ort und
Stelle Tages- oder Wochenangelscheine erwerben.

BÄDER
Auskünfte über Bäder geben die Fremden-
verkehrsämter und Tourismusverbände der
Regionen. Nur zwei herausragende Bei-
spiele sollen genannt werden:
Neuzelle: »Erstes Europäisches Bierbad«,
Landhotel Kummerower Hof, Kummero-
wer Straße 41, Tel. 033652/81 10.
Templin: NaturThermeTemplin mit ver-
schiedenen Saunen, Therapie-Zentrum, Wohlfühlprogrammen
und Restaurant mit Terrassenplätzen. Dagersdorfer Straße 121,
Tel. 03987/20 12 00. E-Mail: info@NaturThermeTemplin.de,
Internet: www.NaturThermeTemplin.de

Angeln ist schon bei der Jugend ein weit verbrei-tetes Hobby in Branden-burg.

CAMPING
Eichhorst: Familiencamping Süßer Winkel, Werbellinsee,
Tel. 03335/2 37.
Joachimsthal: Campingplatz Am Spring, Am Hubertusstock,
Tel. 033363/42 32.
Lübben: Spreewald-Camping, Am Burglehn, Tel. 03546/70 53;
Spreewälder See-Camping Briesensee, Am See, Tel. 03546/76 76
oder 70 53.
Lübbenau: Spreewald-Natur-Camping Am Schloßpark,
Tel. 03542/35 33.

Stendenitz: Campingplatz Am Rottstielfließ, Tel. 033929/7 06 44.

Zühlsdorf: Campingplatz Zühlsdorfer Mühle, Mühlenstraße, Tel. 033397/6 12 37.

FAHRRADVERLEIH

Bad Freienwalde: Fahrradverleih am Bahnhof (1.4.–31.10.), Tel. 0171/6 81 42 07.

Bad Saarow: FahrRad Scheffler, Golmer Straße 6b, Tel. 033631/5 88 00.

Burg/Spreewald: Die »Radler-Scheune«, Ringchaussee 155, Ecke 2. Kolonie, Tel. 035603/1 33 60.

Lychen: Lutz Jentho, Fontanestraße 4, Tel. 039888/22 03.

Potsdam: Die Zweirad Fritzen, Potsdamer Straße 201, Tel. 0331/52 03 71.

Strausberg: Fahrradhaus Richter, Wriezener Straße 18, Tel. 03341/21 62 23. »K-Stall«, Prötzeler Chaussee 7, Tel. 03341/31 20 50.

Templin: Fahrradverleih M. Goldschmidt, Am Lübbesee 1, Tel. 03987/49 12 47.

Wriezen: Odertour-Radreisen, Friedrich-Engels-Straße 5, Tel. 033456/7 12 49.

FESTE

In allen Regionen im Land Brandenburg finden zahlreiche Feste statt. Auskünfte unter der Hotline 0331/2 00 47 47.

HOTELS

siehe Tourenbeschreibung sowie INTERNETADRESSEN

Angermünde: Flair Hotel Weiss, Puschkinallee 11, 16278 Angermünde, Tel. 03331/2 18 54.

Bad Freienwalde: Hotel-Restaurant-Café Lender, Hauptstraße 49, 16259 Bad Freienwalde, Tel. 03344/3 26 82.

Bad Saarow: Radisson SAS Resort & Spa, Seestraße 51, 15526 Bad Saarow, Tel. 033631/8 80 35 00. Hotel Pieskow, Schwarzer Weg 6, 15526 Bad Saarow, Tel. 033631/24 28.

Belzig: Burghotel, auf der Burg Eisenhardt, Wittenberger Straße 14, 14806 Belzig, Tel. 033841/3 12 96, Fax 033841/3 12 97.

Beeskow: Garni-Hotel & Pension Märkisches Gutshaus, Frankfurter Chaussee 48–49, Tel. 03366/3 37 88 33.

Buckow: Hotel & Restaurant Bergschlößchen, Königstraße 38, 15377 Buckow, Tel. 033433/5 73 12. Hotel Stobbermühle, Wriezener Straße 2, 15377 Buckow, Tel. 033433/6 68 33.

Burg/Spreewald: Hotel am Spreebogen, Ringchaussee 140, 03096 Burg, Tel. 035603/68 00. Hotel Zum Leineweber, Am Waldrand, 03096 Burg, Tel. 035603/6 40.

Caputh: Countryline Hotel Landhaus Haveltreff***, Weinbergstraße 4, 14548 Caputh, Tel. 033209/7 80.

Chorin: Hotel Haus Chorin, Neue Klosterallee 10, 16230 Chorin, Tel. 033366/5 00.

Cottbus: City Hotel Cottbuser Hof, Rudolf-Breitscheid-Straße 10, 03046 Cottbus, Tel. 0355/36 60. Sol Inn Hotel Cottbus*** (familienfreundlich), Am Seegraben 8, 03058 Cottbus/Groß Gaglow, Tel. 0355/5 83 70.

Die mittelalterliche Stadtmauer in Bernau ist eine schöne Kulisse für Feste.

Fürstenberg/Havel: Fürstenberger Freizeit-Hotel, Bornmühlenstraße 44, Tel. 033093/3 79 97.

Himmelpfort: Landhaus Himmelpfort, Eichberg 10, 16789 Himmelpfort, Tel. 033089/44 00.

Joachimsthal: Hotel Wenzelhof, Schönebecker Straße 24, 16247 Joachimsthal, Tel. 033361/62 90. Jagdschloss Hubertusstock, Seerandstraße, 16247 Joachimsthal/Hubertusstock, Tel. 033363/5 00.

Lehnin: Hotel Markgraf***, Friedensstraße 13, 14787 Lehnin, Tel. 03382/76 50.

Lübben: Spreewaldhotel Stephanshof***, Lehnigsberger Weg 1, 15907 Lübben, Tel. 03546/2 72 10.

Lübbenau: Hotel & Restaurant Lübbenauer Hof, Ehm-Welk-Straße 20, 03222 Lübbenau, Tel. 03542/8 31 62. Hotel & Restaurant Schloss Lübbenau****, Schlossbezirk 6, 03222 Lübbenau, Tel. 03542/87 30.

Lychen: Waldhotel Sängerslust, Haus am Zenssee 2, 17279 Lychen, Tel. 039888/6 46 00.

Müllrose: Pension am See, Am Ostufer 1, 15299 Müllrose, Tel. 033606/3 04.

Neuruppin: Hotel Brandenburger Hof, Karl-Marx-Straße 56, 16816 Neuruppin, Tel. 03391/4 53 60.

Neuzelle: Landhotel Kummerower Hof, Kummerower Straße 41, 15898 Neuzelle, Tel. 033652/81 10.

Potsdam: Viele Hotels, eine kleine Auswahl: Filmhotel & Restaurant Lili Marleen, Großbeerenstraße 75, 14482 Potsdam, Tel. 0331/74 32 00. Hotel Mercure, Lange Brücke, 14467 Potsdam, Tel. 0331/27 22. Relaxa Schlosshotel Cecilienhof, Neuer Garten, 14469 Potsdam, Tel. 0331/3 70 50.

Rheinsberg: Hotel Der Seehof Rheinsberg, Seestraße 18, 16831 Rheinsberg, Tel. 033931/40 30.

Strausberg: The Lakeside Hotel****, Gielsdorfer Chaussee 6, 15344 Strausberg, Tel. 03341/3 46 90. Garni-Hotel Strausberg, Prötzeler Chaussee 1, 15344 Strausberg, Tel. 03341/3 63 00.

Templin: Hotel Fontane, Robert-Koch-Straße 23, 17268 Templin, Tel. 03987/7 08 00.

Treppeln: Waldsee-Hotel am Wirchensee, 15898 Treppeln, Tel. 033673/6 60.

Werder: Hotel zur Insel, Am Markt 6, 14542 Werder, Tel. 03327/6 61 60.

INTERNETADRESSEN

www.reiseland-brandenburg.de

www.reisen-märkisch-oderland.de

www.oder-spree-seengebiet.de

www.touristinfo-koenigs-wusterhausen.l-d-s.de

www.teltow-flaeming.de

www.guru.de/uckermark

JUGENDHERBERGEN

Bad Freienwalde: Jugendherberge Bad Freienwalde, Hammerthal 3, 16250 Bad Freienwalde, Tel. 03344/38 75.

Bad Saarow: Jugendherberge Bad Saarow, Dorfstraße 20, 15526 Bad Saarow, Tel. 033631/26 64.

Beeskow: Jugendökodorf Beeskow, Lübbener Chaussee 8, Tel. 03366/2 61 53.

Bremsdorf: Jugendherberge Bremsdorfer Mühle, Tel. 033645/2 72, 4 90 44, E-Mail: JH-Bremsdorfer-Muehle@Jugendherberge.de

Buckow: Jugendherberge Buckow, Berliner Straße 36, Tel. 033433/2 86, Fax 033433/5 62 74.

Burg: Jugendherberge Burg/Spreewald, Jugendherbergsweg 8, 03096 Burg, Tel. 035603/2 25.

Lanke: Jugendherberge Liepnitzsee, Wandlitzer Straße 6, 16359 Lanke, Tel. 033397/2 16 59.

Wandlitz: Jugendherberge Wandlitz, Prenzlauer Chaussee 146, Tel. 033397/2 21 09.

Weitere Informationen beim Deutschen Jugendherbergswerk – Landesverband Berlin Brandenburg e.V., Tel. 030/26 49 52 22. www.jugendherberge.de

KARTENMATERIAL

KOMPASS Wander- und Radtourenkarten Maßstab 1:50 000: Nr. 743 Ruppiner Land, Nr. 744 Schorfheide-Uckermark-Barnim, Nr. 746 Märkische Schweiz, Nr. 747 Fläming, Nr. 748 Spreewald. Spezialwanderkarten Rheinsberger Seengebiet Nr. 1011, Schorfheide-Werbellinsee Nr. 1040, Spreewald Nr. 1018, Schlaubetal Nr. 1043.

KINDERBAUERNHÖFE

Petershagen b. Berlin: »Mümmelmann«, Florastraße 25, Tel. 033439/7 76 78.

*Der Ziegen-
hof in Kuh-
horst hat le-
ckere Pro-
dukte aus
Ziegenmilch.*

Ribbeck: Kinderbauernhof & Landwerkstatt Marienhof, Am Marienhof 1, Tel. 033237/8 88 91.

Strausberg: Roter Hof, Tel. 03341/33 53 55.

MÄRKTE

Glindow: Erzeugermarkt am Plessower See mit Steinofenbrot, Obstwein, Obst und Gemüse. Auskunft bei Fam. Giese, Tel. 03327/7 96 08.

Kerkow: Gut Kerkow Bauernmarkt, Kaninchen, Wild, uckermärkische Spezialitäten. Görlsdorfer Straße, Tel. 03331/2 62 90.

Linum: Rixmannshof, selbstgemachte Konfitüren, Säfte, Erdbeeren selber pflücken, Nauener Straße 23a, Tel. 033922/5 05 71.

Neuzelle: Neuzeller Bauernmarkt, neben üblichen landwirtschaftlichen Produkten auch Heidschnuckenfleisch und Kräuter, Lindenpark 1, Tel. 033652/2 52.

Schmachtenhagen: Oberhavel Bauernmarkt, neben Verkauf landwirtschaftlicher Produkte auch Ponyreiten, Streichelzoo, ländliches Handwerk und Naturerlebnispfad. Informationen bei Oberhavel Bauernmarkt, Tel. 03301/80 35 18.

Werder-Petzow: Frucht-Erlebnis-Garten Petzow, Hofladen mit Café, Sanddornspezialitäten, Marmeladen, Säfte, Obstbrände, Obst, Gemüse, Fercher Straße 60, Tel. 03327/4 69.
Weitere Auskünfte zu Märkten in der Mark Brandenburg unter Tel. 0331/50 00 37 und www.landurlaub-brandenburg.de.

MÜHLEN

Zahlreiche historische Mühlen sind wieder restauriert und in Betrieb. Jeden 1. Pfingstfeiertag ist in Brandenburg Mühlentag, verbunden mit Festen und Veranstaltungen. Information beim Tourismusverband Brandenburg e.V., Schlaatzweg 1, 14473 Potsdam, Tel. 0331/27 52 80.

MUSEEN

An Museen gibt es im Land Brandenburg eine riesige Auswahl, genannt werden neben besonders sehenswerten auch Museen in Orten, wo eine Wanderung beginnt oder endet.

Die Windmühle in Paretz

Altranft: Brandenburgisches Freilichtmuseum Altranft, Schloss, Tel. 03344/41 43 00. Geöffnet April – Oktober Di – Fr 9.00 – 17.00 Uhr, Sa, So 11.00 – 18.00 Uhr, November – März Di – Fr 10.00 – 16.00 Uhr, Sa, So 11.00 – 16.00 Uhr.
Bad Freienwalde: Oderlandmuseum, Uchtenhagenstraße 2, Tel. 03344/20 56. Geöffnet Di – Fr 10.00 – 17.00 Uhr, Sa 13.00 – 17.00 Uhr.
Bernau: Henkerhaus, Am Henkerhaus, Tel. 03338/22 45. Geöffnet Di – Fr 9.00 – 12.00 und 13.00 – 17.00 Uhr, Sa, So 10.00 – 13.00 und 14.00 – 17.00 Uhr. Steintor mit Hungerturm, Berliner Straße, Tel. 03338/29 24. Geöffnet Mai – September Di – Fr 9.00 – 12.00 und 14.00 – 17.00 Uhr, Sa, So 10.00 – 13.00 und 14.00 – 17.00 Uhr.
Buckow: Brecht-Weigel-Haus, B.-Brecht-Straße 29, Tel. 033433/4 67. Geöffnet April – Oktober Mi – Fr 13.00 – 17.00 Uhr, Sa, So 13.00 – 18.00 Uhr, November – März Mi – Fr 10.00 – 12.00 Uhr und 13.00 – 17.00 Uhr.
Caputh: Schloss Caputh. Geöffnet 15. Mai – 15. Oktober 10.00 –

Im Heimat-museum in Neuruppin gibt es ein Fontane-Zimmer.

17.00 Uhr, Montags geschlossen, 16. Oktober – 14. Mai nur Sa, So 10.00 – 16.00 Uhr.

Chorin: Kloster Chorin, Tel. 033366/7 03 77. Geöffnet 1. April – 31. Oktober 9.00 – 18.00 Uhr, 1. November – 31. März 9.00 – 16.00 Uhr.

Glindow: Märkisches Ziegeleimuseum, Alpenstraße 47, Tel. 03327/4 58 20. Geöffnet März – Oktober Mi – So 10.00 – 16.00 Uhr und nach Vereinbarung.

Groß Schönebeck: Schorfheidemuseum, Schloßstraße 6. Geöffnet ganzjährig Di, Mi 10.00 – 12.00 Uhr, Mai – Oktober Sa, So 13.00 – 17.00 Uhr, November – April Sa, So 13.00 – 16.00 Uhr.

Königs-Wusterhausen: Schloss Königs-Wusterhausen. Geöffnet 1. April – 31. Oktober 10.00 – 17.00 Uhr, Mo geschlossen, 1. November – 31. März 10.00 – 16.00 Uhr, Mo geschlossen.

Lychen: Flößerei-Museum, Am Stargarder Tor, Tel. 039888/22 55. Geöffnet Mai und Juni Mi 13.00 – 16.00 Uhr, Fr – So 13.00 – 16.00 Uhr, Juli und August Di – So 10.30 – 12.00 und 13.00 – 16.00 Uhr, September Mi 13.00 – 16.00 Uhr.

Neuruppin: Heimatmuseum, August-Bebel-Straße 14/15, Tel. 03391/45 80 60. Geöffnet Di – Fr 10.00 – 17.00 Uhr, Sa, So, Feiertag 10.00 – 16.00 Uhr.

Neuzelle: Zisterzienserabtei mit Barockgarten: Stiftskirche St. Marien. Geöffnet Mo – Fr 10.00 – 12.00 und 14.00 – 16.00 Uhr, Sa, So 11.00 – 12.00 und 13.00 – 14.00 Uhr. Kreuzgang: Mo – Fr 10.00 – 16.00 Uhr, Sa, So 12.00 – 15.30 Uhr. Evangelische Kreuzkirche: Mo – So 11.00 – 12.00 und 13.00 – 14.00 Uhr.

Oranienburg: Schloss Oranienburg: Geöffnet 1. April – 31. Oktober 10.00 – 18.00 Uhr, Mo geschlossen, 1. November – 31. März 10.00 – 17.00 Uhr, Mo geschlossen.

Potsdam: Museen im Park Sanssouci: Bildergalerie 15. Mai – 15. Oktober 10.00 – 17.00 Uhr, Mo geschlossen. Schloss Sanssouci 1. April – 31. Oktober 9.00 –17.00 Uhr, 1. November – 31. März 9.00 –16.00 Uhr, Mo geschlossen. Neues Palais 1. April – 31. Oktober 9.00 –17.00 Uhr, 1. November – 31. März 9.00 –16.00 Uhr, Fr geschlossen. Neue Kammern 1. April –14. Mai nur Sa, So 10.00 –17.00 Uhr, 15. Mai – 15. Oktober 10.00 –17.00 Uhr, Mo geschlossen. Römische Bäder 15. Mai – 15. Oktober 10.00 – 17.00 Uhr, Mo geschlossen. Schloss Charlottenhof 15. Mai – 15. Oktober 10.00 –17.00 Uhr. Museen im Neuen Garten: Schloss Cecilienhof Sanssouci 1. April – 31. Oktober 9.00 –17.00 Uhr, 1. November – 31. März 9.00 –16.00 Uhr, Mo geschlossen. Marmorpalais 1. April – 31. Oktober 10.00 –17.00 Uhr, Mo geschlossen, 1. November – 31. März nur Sa, So 10.00 –16.00 Uhr. Park Babelsberg: Schloss Babelsberg 1. April – 31. Oktober 10.00 – 17.00 Uhr, Mo geschlossen, 1. November – 31. März nur Sa, So 10.00 –16.00 Uhr; Flatowturm 1. April – 15. Oktober nur Sa, So 10.00 –17.00 Uhr. **Info-Telefon** 0331/9 69 42 02. www.spsg.de

Zum Freilichtmuseum in Altranft gehört auch das Schloss.

Rheinsberg: Schloss Rheinsberg. Geöffnet 1. April – 31. Oktober 9.30 – 17.00 Uhr, Mo geschlossen, 1. November – 31. März 10.00 – 16.00 Uhr, Mo geschlossen.

Wandlitz: Agrarmuseum, Breitscheidstraße 22, Tel. 033397/2 15 58. Geöffnet 1. April – 31. Oktober Di – Fr 9.00 – 16.30 Uhr, Sa, So, Feiertag 10.00 – 17.00 Uhr.

Strausberg: Heimatmuseum, August-Bebel-Straße 33, Tel. 03341/2 36 55. Geöffnet Di – Do 10.00 – 12.00 und 13.00 – 17.00 Uhr, von Mai – September zusätzlich So 14.00 – 17.00 Uhr.

Werder: Obstbaumuseum, Inselstadt, Kirchstraße 6/7, Tel. 03327/78 33 74. Geöffnet 1. April – 3. Oktober Mi 10.00 – 16.00 Uhr, Sa, So 13.00 – 17.00 Uhr. Zweiradmuseum, Mielestraße 2, Tel. 03327/4 09 74. Geöffnet Mi – So 10.00 – 17.00 Uhr, November – März Sa, So 10.00 – 16.00 Uhr.

Auch für Kinder ist das Radfahren ein beliebtes Hobby.

RADFAHREN

Auskünfte und Informationsmaterial gibt es beim ADFC Landesverband Brandenburg e.V., Charlottenstraße 31, 14467 Potsdam. Tel. 0331/2 80 05 95, Fax 0331/2 70 7 77. E-Mail: ADFC_LV_Brandenburg@t-online.de, Internet: www.adfc.de

REITEN

Die Zahl der Reiterhöfe ist riesig, nur einige Beispiele:

Bad Freienwalde: Pferdehof, Alttornow 1, Tel. 03344/51 74.

Lychen: Reit- und Fahrtouristik Achim Rensch, Weinbergstraße 6a, Tel. 039888/27 78.

Niemegk: Gestüt & Hotel Falkenhof, Zum Reiterhof 1, Tel. 033843/6 45–0, Restaurant mit Wildgerichten, Kutschen- und Kremserfahrten.

Strausberg: Thomas Zander,

Altlandsberger Chaussee 2, Tel. 03341/2 32 54, Ponyreiten für *Reiterhöfe sind*
Kinder und Kutschfahrten. *in Branden-*
Teupitz: Reiterhof in der Feriensiedlung Neuendorf, Dorfstraße 6, *burg zahlreich.*
Tel. 033766/4 21.
Wandlitz: Reiterhof Hinze, Kirchstraße 12, Tel. 033397/2 12 69.
Reitunterricht, Reiturlaub, Pferdepension, Speisewirtschaft.

WILDPARKS
Heimattierpark Kunstersprung (bei Neuruppin): Etwa 400 Tiere,
darunter vor allem heimische Arten, besondere Attraktion Fisch-
otter, auch Streichelgehege und Abenteuerspielplatz. Ein drei Kilometer langer Lehrpfad führt um das Quellgebiet der Kunster mit
faszinierender Kochquelle. Geöffnet 9.00–19.00 Uhr. Informationen: Heimattierpark Kunstersprung, Tel. 033929/7 02 71.
Liebenthal: Bauernhof, Haustierpark und Wildpferdgehege bei
Arne Broja, Dorfstraße 38, Tel. 033054/6 24 11.
Wildpark Schorfheide: Geführte Wanderungen zu speziellen
Themen wie zum Beispiel »Zur Lebensweise und zum Schutz eu-
ropäischer Großwildtiere«, »Zur Domestikation und Erhaltung
seltener alter Haustierrassen«, »Vogelstimmenwanderung« und
»Wolfsführungen«. Informationen werktags 7.30–9.00 Uhr und
12.00–13.30 Uhr unter Tel. 033393/6 58 55.

Agrarmuseum Wandlitz 59
Altenhof 67
Althüttendorf 69
Altlandsberg 16
Askanierturm 67
Augustablick 48

Bad Freienwalde 73, 74, 75
Bad Saarow-Pieskow 88
Bäder 109
Bahnhof Wandlitzsee 60
Barbassee 104
Belzig 105, 107
Belziger Hagelberg 105
Bernau 16
Bernauer Heerstraße 77
Biesenthal 64, 65
Binenbach 37
Binenwalde 37, 38
Biosphärenreservat Flussland-
schaft Elbe-Brandenburg 14
Biosphärenreservat Schorf-
heide-Chorin 14
Biosphärenreservat Spreewald
14
Bismarckturm 75, 100, 101,
102
Boltenmühle 36, 37
Borgsdorf 31
Bötzsee 81, 82
Bremsdorfer Mühle 90, 91
Briesener See 103, 104
Briesesee 31
Briesetal 30
Brockske Bockwindmühle 69
Brodowin 70, 71, 72
Brodowiner See 71
Buckow 84, 85
Burg 100
Burg Eisenhardt 105, 107
Byhlegure 96

Caminchen 103, 104
Camping 109
Campingplatz Süßer Winkel
67
Caputh 26, 27
Chorin 8, 16, 19
Country-Camping 80

Dachsberg 85
Drachenkehle 85
Draisinenbahn 51

Eberswalde 76, 78
Eichhorst 66, 67, 109
Eisenbudersee 56, 57

Falkenberg 73
Fängersee 81, 83
Feldgrieben 40
Ferch 27
Finowkanal 56, 57
Florentineneiche 96
Fontane, Theodor 9, 73, 97
Fontane-Wanderweg 73
Fontane-Wanderweg 74
Forstbotanischer Garten 76
Forsthaus Siehdichum 91

Franzosenberg 107
Fürstenberg 46, 48

Gamengrund 79
Gamensee 80
Glindow 28
Glindower Alpen 28
Grimnitzsee 68, 69
Großer Lychensee 51
Großer Tornowsee 84
Großer Werder 62
Günther-Quelle 84
Gurkenmuseum 99

Hagelberg 106
Hammersee 91
Havel 46
Heiligengrabe 19
Heimatkundlicher Lehrpfad
101
Heimattierpark Kunsterspring
119
Himmelpfort 16, 49, 50
Hohenwalde 53
Hoher Fläming 106
Hubertusstock 68

Joachimsthal 68, 69, 109

Kahnfährhafen Burg 100
Kalksee 36, 37
Kayser-Damm 77
Kesselsee 65
Kienberg 52, 53
Kieselwitz 92, 93
Kieselwitzer Mühle 92
Klein Leiner See 104
Kleiner Rummelsberg 71
Klobbicker Damm 78
Kloster Mariensee 72
Klostergarten 50
Klostermühle 34, 35
Kranichberg 90
Krugberg 84, 85

Landsberger Tor 82
Lanke 62, 63
Lehde 97
Lehnin 8, 20
Lehnitzsee 32
Leistenhaus 69
Lenné, Peter Joseph 18, 73
Liebenthal 54, 55
Liepnitzsee 61, 62
Liesenkreuz 77
Lindow 34
Lübben 103, 109
Lübbenau 97, 99, 109
Lychen 49, 51

Mallnow 86
Mariannenschlucht 75
Marienkirche 82
Marienwerder 56
Markgrafensteinen 89
Märkte 114
Mittelsee 80
Moderfitzsee 50
Müllrose 91

Museen 115

Nationalpark Unteres Odertal
14
Naturlehrpfad Rauener Berge
89
Naturpark Barnim 15
Naturpark Dahme-Heideseen
15
Naturpark Hoher Fläming 15,
105
Naturpark Märkische Schweiz
15
Naturpark Niederlausitzer
Heidelandschaft 15
Naturpark Niederlausitzer
Landrücken 15
Naturpark Nuthe-Nieplitz 15
Naturpark Schlaubetal 15
Naturpark Stechlin 15
Naturpark Uckermärkische
Seen 15
Naturpark Westhavelland 15
Naturschutzgebiet Byttna 94
Naturschutzgebiet Oderhänge
86
Naturschutzgebiet Wittwesee
39
Naturschutzstation Woblitz 51
Neue Spitzmühle 82, 83
Neuglobsow 42
Neuruppin 40
Neuzelle 20, 93
Nonnenfließ 76, 77

Oderbruch 75
Oderhänge 86
Oder-Havel-Kanal 33
Oranienburg 32, 33

Park Sanssouci 25
Parstein 71
Parsteiner See 71
Paulshorst 39
Peetschsee 47, 46, 48
Pehlitz 72
Pehlitzwerder 72
Polzowkanal 42, 45
Poratz 52
Postmeilensäule 105
Potsdam 25

Rahmersee 58
Rauener Berge 88, 89
Reiterhöfe 118
Rheinsberg 41
Ringenwalde 52, 53
Röblinsee 48
Roofensee 44, 45
Ruhlsdorf 57
Ruhlsdorf-Zerpenschleuse 56

Scharmützelsee 88
Schiffshebewerk Niederfinow
75
Schillerhöhe 83
Schinkel, Karl Friedrich 17
Schlaubemühle 93
Schlaubetal 90

Schleuse Eichhorst 66
Schleuse Lehnitz 33
Schloss Cecilienhof 25
Schloss Charlottenhof 25
Schloss Petzow 27
Schloss Sanssouci 25
Schlossbergfließ 101
Schlossbergturm 65
Schneidemühlenweg 77
Schwärzetal 77
Schwielowsee 26, 27
Sopienstädt 57
Spechthausen 77, 78
Spitzmühle 81
Spreewaldhafen in Burg 102
Spreewaldhafen in Lübbenau
99
Spreewaldmuseum 97, 99
Stechlin 43
Stechlinsee 42, 43
Steinerer Tisch 89
Steinförde 47, 48
Steinhavel 47
Steinhavelmühle 46
Stendenitz 110
Stepenitz 20
Stobbertal 84
Stolzenhagen 59
Stolzenhagener See 59
Strandbad am Wukensee 65
Straupitz 94, 96
Strausberg 16, 81
Strausberg-Stadt 83
Straussee 81, 82

Temmen 53
Teufelssee 45, 75
Tiefensee 79, 80
Tornowsee 36, 37
Treppelsee 90, 91

Überheide 66
Ützdorf 62, 63

Waldbad Liepnitzsee 62
Waldmuseum Stendenitz 36
Wandlitzsee 58, 59
Werbellin 66
Werbellinkanal 66, 67
Werbellinsee 66, 67
Wesendahler Mühle 83
Wesensee 71
Wiesenburg 107
Wildpark Schorfheide 119
Wildpferdgehege Liebenthal
54
Wirchensee 92, 93
Wittwesee 40
Wukensee 64
Wurzelfichte 85
Wutzsee 34, 35

Zerpenschleuse 56
Ziegeleimuseum 28
Zinna 20
Zoo Eberswalde 76, 77
Zühlsdorf 30, 110
Zühlsdorfer Mühle 31
Zum Fröhlichen Hecht 99

MARK BRANDENBURG
MIT SPREEWALD

TOUREN
KARTEN

ZUM HERAUSTRENNEN

BRUCKMANN

1 Durch die Potsdamer Parklandschaft

Etappen: Hauptbahnhof – Freundschaftsinsel – Brandenburger Straße – Park Sanssouci – Neuer Garten – Hauptbahnhof

⚪	leicht
🏃 km	12 km
🕐	3 Std.
⛰	keine
☺	ja

Ausgangs-/Endpunkt: Hauptbahnhof Potsdam.
Wanderkarte: Stadtplan von Potsdam.
Markierung: Keine, Wegbeschreibung im Text.
Verkehrsanbindung: Autobahn A 10 Berliner Ring, Ausfahrt Potsdam Nord und B 273 oder Potsdam Süd und B 2 nach Potsdam. Von Berlin mit S-Bahn bis Potsdam Hbf.
Einkehr: Potsdam: Auf der Freundschaftsinsel; Gaststätte Der Klosterkeller, Friedrich-Ebert-Straße 94; Fischrestaurant Der Butt, Gutenbergstraße 25.
Unterkunft: Potsdam: Filmhotel & Restaurant Lili Marleen, Tel. 0331/74 32 00, Fax 0331/7 43 20 18;

Hotel am Jägertor ****, Tel. 0331/2 01 11 00, Fax 0331/2 01 13 33; Hotel Mercure Berlin Potsdam, Lange Brücke, Tel. 0331/27 22, Fax 0331/29 34 96.
Tourist-Info: Potsdam Tourismus GmbH, Postfach 601220, 14412 Potsdam, Tel. 0331/27 55 80, Fax 0331/2 75 58 99, E-Mail: information@potsdam.de, www.potsdam.de

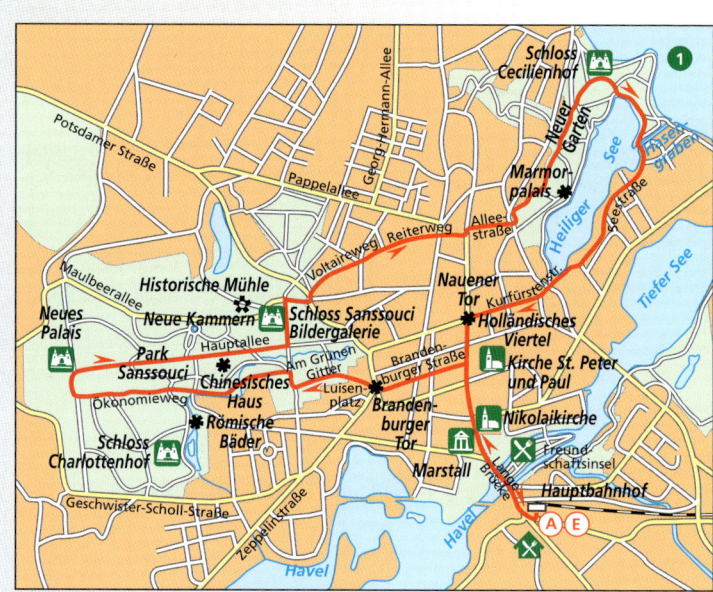

2 Um den Schwielowsee

Etappen: Caputh – Ferch – Bonsaigarten – Petzow – Franzensberg – Caputh

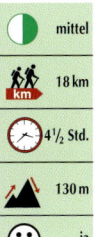

mittel

18 km

4½ Std.

130 m

ja

Ausgangs-/Endpunkt: Bahnhof Caputh.
Wanderkarte: Kompass Wander- und Radtourenkarte Nr. 745 Havelland, 1:50 000.
Markierung: Roter Querstrich, IVV 4, grüner Querstrich.
Verkehrsanbindung: Autobahn A 10 Berliner Ring, Ausfahrt Potsdam Süd, auf B 2 Richtung Potsdam, in Michendorf nach Caputh abbiegen. Von Berlin mit S-Bahn bis Potsdam Hbf., weiter mit Bus 607 nach Caputh.
Einkehr: Petzow: Hotel Schloß Petzow, Zelterstraße 5. Caputh: Landhaus Haveltreff, Weinbergstraße 4.
Unterkunft: Caputh: Märkisches Gildehaus, Tel. 033209/7 02 65, Fax 033209/7 08 36. Wirtshaus Schwielowsee, Tel./Fax 033209/7 02 53. Ferch: Pension am Schwielowsee, Tel./Fax 033209/7 09 83.
Tourist-Info: Fremdenverkehrsverein Schwielowsee, Lindenstraße 56, 14548 Caputh, Tel. 033209/7 08 99, Fax 033209/7 08 86, E-Mail: fvv@schwielowsee.de

Wandernkompakt
Mark Brandenburg mit Spreewald
Bruckmann

3 Zu den »Glindower Alpen«

Etappen: Ziegeleimuseum Glindow – Glindower Alpen – Ziegeleimuseum Glindow

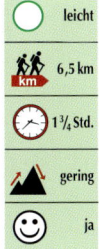

leicht

6,5 km

1¼ Std.

gering

ja

Ausgangs-/Endpunkt: Ziegeleimuseum in Glindow.
Wanderkarte: Kompass Wander- und Radtourenkarte Nr. 745 Havelland, 1:50 000.
Markierung: Keine.
Verkehrsanbindung: Autobahn A 10 Berliner Ring, Ausfahrt Phöben, auf Phöbener Straße über Werder nach Glindow. Busverbindung mit Werder.
Einkehr: Glindow: Café und Restaurant Alpenbüdchen, Alpenstraße 4b; Gasthaus Zum grünen Baum, Chausseestraße 92.
Unterkunft: Glindow: Gasthaus und Pension Zum Grünen Baum, Tel./Fax 03327/4 27 96; Restaurant und Pension Porta Helena, Tel. 03327/4 68 90, Fax 03327/46 89 13.
Tourist-Info: Tourismusbüro der Stadt Werder (Havel), Kirchstraße 6–7, 14542 Werder (Havel), Tel. 03327/78 33 74, Fax 03327/78 33 22, E-Mail: werder-tourismus@t-online.de

Wandernkompakt
Mark Brandenburg mit Spreewald
Bruckmann

4 Durch das Briesetal

Etappen: Zühlsdorf – Briesetal – Naturlehrkabinett – Hubertusbrücke – Borgsdorf

⭕	leicht
🥾 km	12 km
🕐	3 Std.
⛰	keine
🙂	ja

Ausgangspunkt: Bahnhof Zühlsdorf.
Endpunkt: S-Bahnhof Borgsdorf.
Wanderkarte: Kompass Wander- und Radtourenkarte Nr. 743, Ruppiner Land, 1:50 000.
Markierung: Blauer Querstrich, blauer Punkt, roter Querstrich.
Verkehrsanbindung: Von Berlin-Karow mit Regionalbahn RE 27 bis Zühlsdorf.
Einkehr: Zühlsdorf: Gaststätte Zum Lindenwirt, Dorfstraße. Briesetal: Imbiß beim Alten Forsthaus,

Fr Ruhetag. Borgsdorf: Landgasthaus Borgsdorf, Friedensallee 2, Di Ruhetag.
Unterkunft: Birkenwerder: Andersen Hotel, Tel. 03303/29 46-0, Fax 03303/29 46-155. Oranienburg: Hotel An der Havel, Tel. 03301/69 20, Fax 03301/69 24 44; Gasthof Oranjehus, Tel. 03301/70 12 44, Fax 03301/70 12 46.
Tourist-Info: Fremdenverkehrsverein Oranienburg und Umland e.V. Bernauer Straße 52, 16515 Oranienburg, Tel. 03301/70 48 33. www.tourismus-or.de

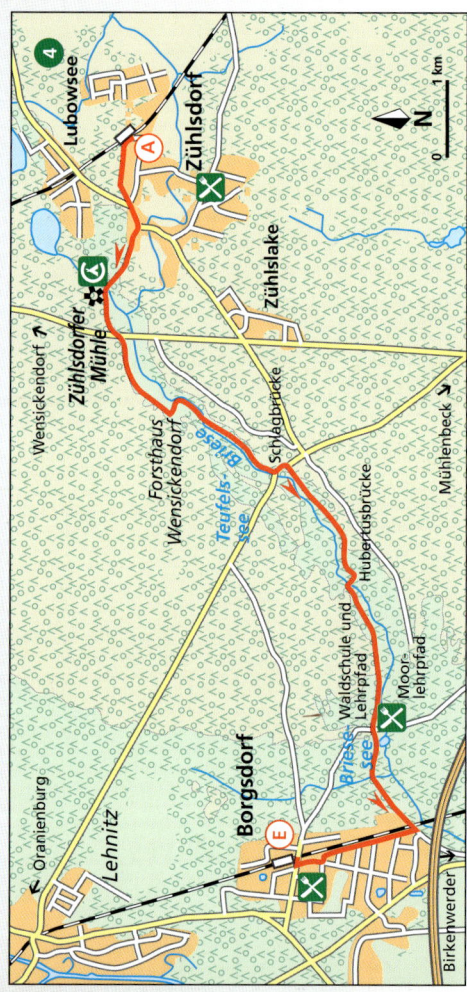

5 Rund um den Lehnitzsee

Etappen: Oranienburg – Lehnitzsee – Lehnitzschleuse – Lehnitz

leicht

7,5 km

2 Std.

keine

ja

Ausgangspunkt: S-Bhf. Oranienburg.
Endpunkt: S-Bhf. Lehnitz.
Wanderkarte: Kompass Wander- und Radtourenkarte Nr. 743, Ruppiner Land, 1:50 000.
Markierung: Grüner Querstrich.
Verkehrsanbindung: Autobahn A 10 Berliner Ring, Ausfahrt Birkenwerder, auf B 96 nach Oranienburg. Von Berlin mit S-Bahn bis Oranienburg.
Einkehr: Oranienburg: Bistro Spatennest, Stralsunder Straße. Am Lehnitzsee: Eiscafé Dietrich, geöffnet Mai–August täglich 13.00–20.00 Uhr, April und September 13.00–18.00 Uhr, Mo, Di Ruhetag, März, Oktober–Dezember Sa, So 13.00–18.00 Uhr, Januar, Februar geschlossen. Lehnitz: Schweizer Haus mit Biergarten, am S-Bahnhof.
Unterkunft: Oranienburg: Hotel An der Havel, Tel. 03301/69 20, Fax 03301/69 24 44. Gasthof Oranjehus, Tel. 03301/70 12 44, 03301/70 12 46.
Tourist-Info: Fremdenverkehrsverein Oranienburg und Umland e.V. Bernauer Straße 52, 16515 Oranienburg, Tel. 03301/70 48 33. www.tourismus-or.de

6 Um den Wutzsee bei Lindow

Etappen: Lindow – Klostermühle – Badestelle – Baumgartenbrücke – Kloster – Lindow

leicht

8 km

2¼ Std.

keine

ja

Ausgangs-/Endpunkt: Lindow, Markt.
Wanderkarte: Kompass Wander- und Radtourenkarte Nr. 743, Ruppiner Land, 1:50 000.
Markierung: Grüner Querstrich.
Verkehrsanbindung: Autobahn A 24 Berlin–Hamburg, Ausfahrt Schwante, über Kremmen, Herzberg nach Lindow. Bahn: Prignitz-Express RE 6 von Berlin im 2 Std.-Takt bis Lindow.
Einkehr: Lindow: Gasthaus Am Gudelacksee, Am Gudelacksee 2a. Pension & Restaurant Klosterblick, Am Wutzsee 53.
Unterkunft: Hotel Krone, Tel. 033933/6 11-0, Fax 033933/6 11 21. www.Hotel-Krone-Lindow.de. Pension Kantorhaus, Tel./Fax 033933/7 19 74.
Tourist-Info: Fremdenverkehrsamt der Stadt Lindow/Mark, Straße des Friedens 20, 16835 Lindow, Tel. 033933/7 02 97.

Etappen: Waldmuseum Stendenitz – Boltenmühle – Kalksee – Binenwalde – Boltenmühle – Forsthaus Rottstiel – Waldmuseum Stendenitz

 mittel

 16 km

 4 Std.

 keine

😊 ja

Ausgangs-/Endpunkt: Stendenitz, Waldmuseum.
Wanderkarte: Kompass Wander- und Radtourenkarte Nr. 743, Ruppiner Land, 1:50 000.
Markierung: Blauer Querstrich, sehr lückenhaft, Orientierung nach Wegweiser und Wegbeschreibung.
Verkehrsanbindung: Von Neuruppin auf der Straße Richtung Flecken-Zechlin, beim Abzweig nach Stendenitz zum Waldmuseum.
Einkehr: Unterwegs: Restaurant Am Rottstielfließ, am Campingplatz; Gasthof und Restaurant Boltenmühle. Binenwalde: Gaststätte Hacker mit Biergarten, Seestraße 42; Gaststätte Futterkrippe, Seestraße 32.

Unterkunft: Neuruppin: Hotel Brandenburger Hof, Tel. 03391/45 36-0, Fax 03391/45 36-202; Hotel Berliner Hof, Tel. 03391/35 86 62, Fax 03391/35 86 64; Pension Vogler, Tel. 03391/84 11 14, Fax 03391/84 11 15.
Tourist-Info: Tourismusverband Ruppiner Land, Fischbänkenstraße 8, 16816 Neuruppin, Tel. 03391/35 78 90, Fax 03391/35 79 07, E-Mail: ruppinerland@ibs-brandenburg.de

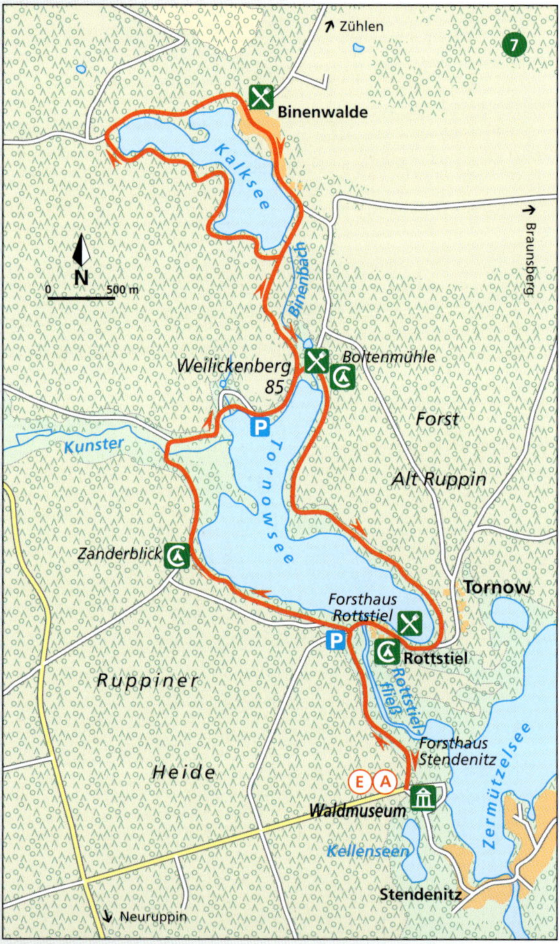

8 Zum Naturschutzgebiet Wittwesee

Etappen: Rheinsberg – Paulshorst – Wittwesee – Feldgrieben – Rheinsberg

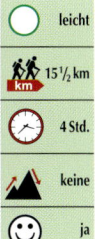

- leicht
- 15½ km
- 4 Std.
- keine
- ja

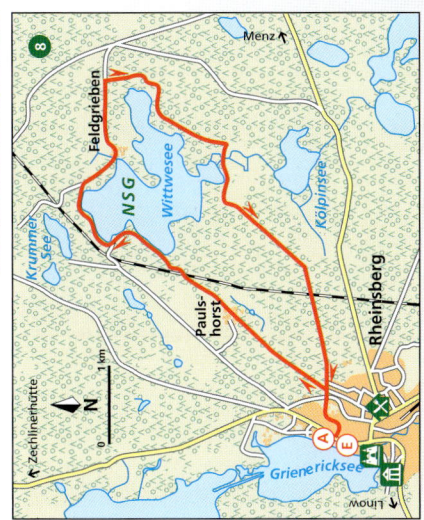

Wandernkompakt
Mark Brandenburg mit Spreewald
Bruckmann

Ausgangs-/Endpunkt: Rheinsberg, Markt.
Wanderkarte: Kompass Wander- und Radtourenkarte Nr. 743, Ruppiner Land, 1:50 000.
Markierung: Blauer Querstrich, grüner Querstrich.
Verkehrsanbindung: Autobahn A 24 Berlin–Hamburg, Ausfahrt Neuruppin, auf B 167 über Neuruppin nach Rheinsberg.
Einkehr: Rheinsberg: Ratskeller Rheinsberg, Markt 1. Gasthaus-Brauerei Zum Alten Brauhaus, Rhinhöher Weg 1; Gast- und Logierhaus Zum jungen Fritz, Schloßstraße 8.
Unterkunft: Rheinsberg: Der Seehof Rheinsberg, Tel. 033931/4 03-0, Fax 033931/4 03 99; Gast- und Logierhaus Zum jungen Fritz, Tel. 033931/40 90, Fax 033931/4 09 34; Haus Rheinsberg Hotel am See, Tel. 033931/3 46 96, Fax 033931/3 46 97, E-Mail: post@hausrheinsberg.de, www.hausrheinsberg.de
Tourist-Info: Touristinformation des Verkehrsvereins Rheinsberger Seenkette e.V., Kavalierhaus/Markt, 16831 Rheinsberg, Tel. 033931/20 59.

9 Von Neuglobsow zum Stechlinsee

Etappen: Neuglobsow – Stechlinsee – Polzowkanal – Neuglobsow

- mittel
- 17 km
- 4¼ Std.
- keine
- ja

Wandernkompakt
Mark Brandenburg mit Spreewald
Bruckmann

Ausgangs-/Endpunkt: Neuglobsow, Parkplatz am Ortseingang.
Wanderkarte: Kompass Wander- und Radtourenkarte Nr. 743, Ruppiner Land, 1:50 000.
Markierung: Roter Querstrich, grüner Querstrich.
Verkehrsanbindung: Autobahn A 10 Berliner Ring, Ausfahrt Birkenwerder, auf B 96 über Oranienburg, Löwenberg, Gransee nach Neuglobsow.
Einkehr: Neuglobsow: Restaurant & Café Haus am Dagowsee, Dorfstraße 9; Restaurant & Logis Luisenhof, Stechlinseestraße 8.
Unterkunft: Neuglobsow: Gaststätte & Pension Fontanehaus, Tel. 033082/64 90; Hotel »Brandenburg«, Tel. 033082/65 60 00, Fax 033082/65 60 66.
Tourist-Info: Touristinformation des Erholungsortes Neuglobsow, Stechlinseestraße 9, Tel. 033082/7 02 02.

10 Rund um den Roofensee

Etappen: Menz – Roofensee – Teufelssee – Roofensee – Menz

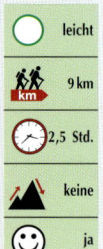

○	leicht
🥾 **km**	9 km
🕐	2,5 Std.
⛰️	keine
☺	ja

Ausgangs-/Endpunkt: Menz, NaturPark-Haus Stechlin.
Wanderkarte: Kompass Wander- und Radtourenkarte Nr. 743, Ruppiner Land, 1:50 000.
Markierung: Sehr lückenhaft, Angabe im Text.
Verkehrsanbindung: Die B 96 in Gransee oder Altlüdersdorf verlassen, Wegweiser nach Menz.
Einkehr: Menz: Gasthaus & Pension Zum Roofensee, Rheinsberger Straße 2.
Unterkunft: Menz: Gasthaus & Pension Zum Roofensee, Tel./Fax 033082/5 14 87; Waldpark am Roofensee, Tel. 033082/68 80, Fax 033082/68 89.
Tourist-Info: Touristinformation des Erholungsortes Neuglobsow, Stechlinseestraße 9, Tel. 033082/7 02 02.

Wandernkompakt
Mark Brandenburg mit Spreewald
Bruckmann

11 Von Fürstenberg zum Peetschsee

Etappen: Fürstenberg/Havel – Havelweg – Steinhavelmühle – Steinförde – Peetschsee – Steinförde – Röblinseesiedlung – Fürstenberg/Havel

◑	mittel
🥾 **km**	22 km
🕐	5 1/2 Std.
⛰️	keine
☺	ja

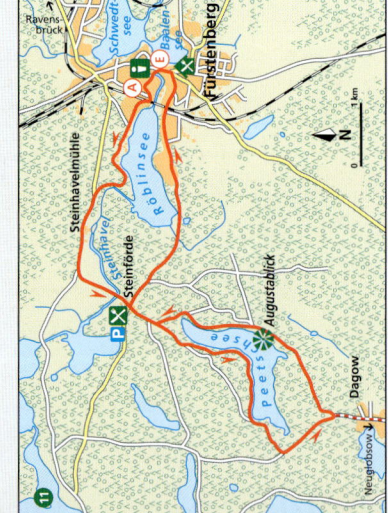

Ausgangs-/Endpunkt: Fürstenberg, Tourist-Information.
Wanderkarte: Kompass Wander- und Radtourenkarte Nr. 743, Ruppiner Land, 1:50 000.
Markierung: Grüner Querstrich, gelber Querstrich, blauer Querstrich.
Verkehrsanbindung: Auf B 96 bis Fürstenberg/Havel.
Einkehr: Steinförde: Gasthaus Haveleck, Dorfstraße 10–11.
Unterkunft: Fürstenberg: Haus an der Havel, Tel.033093/3 90 69, Fax 033093/3 72 45. E-Mail: haus-an-der-havel.de
Tourist-Info: Tourist-Information, Am Bahnhof, 16798 Fürstenberg/Havel, Tel. 033093/3 22 54, Fax 033093/3 23 07.

Wandernkompakt
Mark Brandenburg mit Spreewald
Bruckmann

12 Auf dem Woblitz-Rundweg

Etappen: Himmelpfort – Moderfitzsee – Großer Lychensee – Lychen – Naturschutzstation Woblitz – Himmelpfort

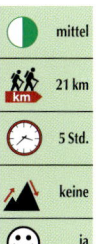

mittel

21 km

5 Std.

keine

ja

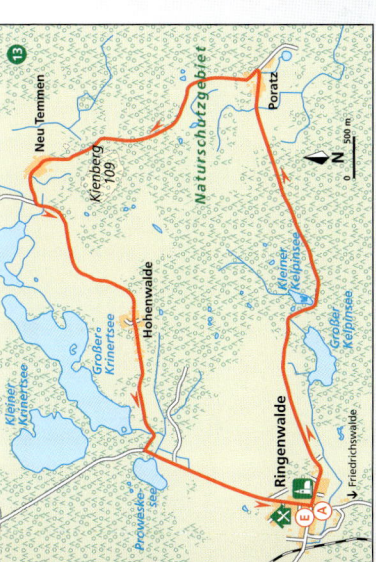

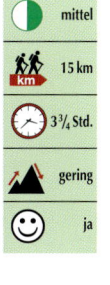

Ausgangs-/Endpunkt: Himmelpfort, Haus des Gastes.
Wanderkarte: Kompass Wander- und Radtourenkarte Nr. 743, Ruppiner Land, 1:50 000.
Markierung: Grüner Querstrich.
Verkehrsanbindung: Auf B 96 von Gransee bis Dannenwalde, über Blumenow und Bredereiche nach Himmelpfort; von Fürstenberg über Zootzen und Bredereiche nach Himmelpfort.
Einkehr: Himmelpfort: Gasthaus Müllerbeek, Klosterstraße 12b; Restaurant & Café An der Schleuse, Klosterstraße; Mönchsschenke, Klosterstraße.
Unterkunft: Himmelpfort: Gasthaus & Pension Müllerbeek, Tel. 033089/4 30 35. Lychen: Seehotel Lindenhof, Tel. 039888/6 43 10, Fax 039888/6 43 11; Pension Am Zenssee, Tel./Fax 039888/22 47.
Tourist-Info: Fremdenverkehrsverein Lychen, Fürstenberger Straße 11a, 17279 Lychen, Tel. 039888/22 55, Fax 039888/41 78.

---

13 Um den Kienberg bei Ringenwalde

Etappen: Ringenwalde – Poratz – Neu Temmen – Hohenwalde – Ringenwalde

mittel

15 km

3¾ Std.

gering

ja

Ausgangs-/Endpunkt: Ringenwalde, Ortsmitte beim Informationszentrum.
Wanderkarte: Kompass Wander- und Radtourenkarte Nr. 744, Schorfheide – Uckermark – Barnim, 1:50 000.
Markierung: Grünes Dreieck.
Verkehrsanbindung: Über die Autobahn A 11, Ausfahrt Britz, über Joachimsthal, Friedrichswalde nach Ringenwalde.
Einkehr: Ringenwalde: Landgasthof Zum Grünen Baum, Dorfstraße 57, Mittwoch Ruhetag; Gasthof Zur Eisenbahn, Dorfstraße 6.
Unterkunft: Ringenwalde: Landgasthof Zum Grünen Baum, Tel. 039881/3 77; Landferienhof Luisenau, Tel. 039881/2 28.
Tourist-Info: Informationszentrum Am Kreuzdammeck, Dorfstraße 24, 17268 Ringenwalde, Tel. 039881/4 91 31.

Wandern kompakt
Mark Brandenburg mit Spreewald
Bruckmann

14 Zum Wildpferdgehege Liebenthal

Etappen: Liebenthal – Wildpferdgehege – Liebenthal

leicht

5,5 km

1½ Std.

keine

ja

Ausgangs-/Endpunkt: Kirche in Lieben-thal.
Wanderkarte: Kompass Spezial-wanderkarte Nr. 1040, Schorfheide-Wer-bellinsee, 1:50 000.
Markierung: Grüner Punkt.
Verkehrsanbindung: Autobahn A 11 Ber-lin–Prenzlau, Ausfahrt Finowfurt, auf der B 167 Richtung Neuruppin bis Hammer, dort nach Liebenthal.
Einkehr: Liebenthal: Edelgard's Gast-stätte, Dorfstraße.
Unterkunft: Groß Schönebeck: Rambau Weidenhof, Tel. 033393/4 23, Fax 033393/6 53 37; Marina Baumgärtner, Tel. 033393/6 50 41, Fax 033393/6 59 16.
Tourist-Info: Schorfheider Fremden-verkehrsverein e.V. Alte Schmiede, Rosenbecker Straße 1a, 16348 Groß Schönebeck, Tel. 033393/6 57 77, Fax 033393/6 57 78.

15 Von Zerpenschleuse zum Eisenbudersee

Etappen: Zerpenschleuse – Marienwerder – Eisenbudersee – Ruhlsdorf – Zerpenschleuse

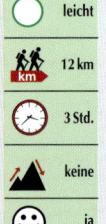

leicht

12 km

3 Std.

keine

ja

Ausgangs-/Endpunkt: Bahnhof Ruhlsdorf-Zerpenschleuse.
Wanderkarte: Kompass Spezial-wanderkarte Nr. 1040, Schorfheide-Wer-bellinsee, 1:50 000.
Markierung: Roter Querstrich, Wegwei-ser.
Verkehrsanbindung: Autobahn A 11 Berlin–Prenzlau, Ausfahrt Wandlitz auf B 273 bis zur B 109 und über Wandlitz, Klosterfelde nach Zerpenschleuse.
Einkehr: Ruhlsdorf-Zerpenschleuse: Gast-stätte im Bahnhof; Ruhlsdorf: Gaststätte, Dorfstraße.
Unterkunft: Wandlitz: Clubotel, Tel. 033397/7 35-0, Fax 033397/73 55 50; Hotel Seeterassen, Tel. 033397/7 69-0, Fax 03339/7 69 99. Klosterfelde: Pension Bergquelle, Tel. 033396/75 50, Fax 03339 67 7 55 88.
Tourist-Info: : Fremdenverkehrsverein Märkische Seenlandschaft Wandlitz e.V., Prenzlauer Chaussee 157, 16348 Wandlitz, Tel. 033397/6 61 31, Fax 033397/6 61 68.

16 Zwischen Wandlitzsee und Rahmersee

Etappen: Wandlitz – Stolzenhagener See – Stolzenhagen – Rahmersee – Wandlitz

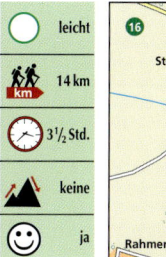

leicht

14 km

3½ Std.

keine

ja

Wandernkompakt
Mark Brandenburg mit Spreewald
Bruckmann

Ausgangs-/Endpunkt: Bahnhof Wandlitzsee.

Wanderkarte: Kompass Spezialwanderkarte Nr. 1040, Schorfheide-Werbellinsee, 1:50 000.

Markierung: Sehr lückenhaft, gelber Punkt, grüner Punkt, gelber Punkt, blauer Querstrich.

Verkehrsanbindung: Autobahn A 11 Berlin–Prenzlau, Ausfahrt Wandlitz, auf B 273 nach Wandlitz. Bahn: Von Karow (Berlin) mit der Heidekrautbahn bis Bahnhof Wandlitzsee.

Einkehr: Wandlitz: Restaurant Seeterrassen, am Uferweg; Jägerstube, Oranienburger Straße. Stolzenhagen: Restaurant An der Badewiese, Dorfstraße. Restaurant Zum Piratenschiff, Dorfstraße. Gaststätte Waldhaus, Seepromenade am Stolzenhagener See.

Unterkunft: Wandlitz: Clubotel, Tel. 033397/7 35-0, Fax 033397/73 55 50; Hotel Seeterrassen, Tel. 033397/7 69-0, Fax 033397/7 69 99.

Tourist-Info: Fremdenverkehrsverein Märkische Seenlandschaft Wandlitz e.V., Prenzlauer Chaussee 157, 16348 Wandlitz, Tel. 033397/6 61 31, Fax 033397/6 61 68.

17 Wanderung zum Liepnitzsee

Etappen: Lanke – Ützdorf – Liepnitzsee – Ützdorf – Lanke

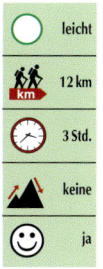

leicht

12 km

3 Std.

keine

ja

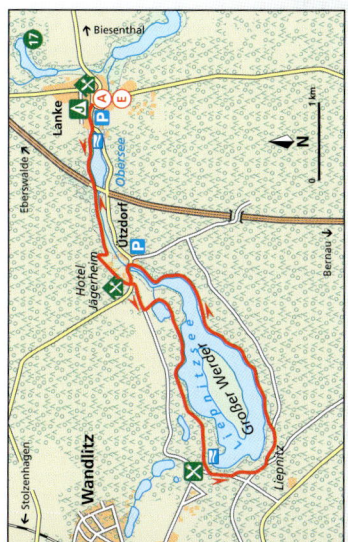

Wandernkompakt
Mark Brandenburg mit Spreewald
Bruckmann

Ausgangs-/Endpunkt: Lanke, Strandbad am Obersee.

Wanderkarte: Kompass Spezialwanderkarte Nr. 1040, Schorfheide-Werbellinsee, 1:50 000.

Markierung: Blauer Querstrich, gelber Punkt, blauer Querstrich.

Verkehrsanbindung: Autobahn A 11 Berlin–Prenzlau, Abfahrt Bernau Süd, auf der B 2 nach Bernau, dort nach Lanke abbiegen.

Einkehr: Lanke: Landhotel Am Obersee, Obersee Straße 3–4. Ützdorf: Jägerheim Ützdorf, Wandlitzer Straße 12. Am Liepnitzsee: Imbiß im Waldbad Liepnitzsee.

Unterkunft: Lanke: Landhotel Am Obersee, Tel. 033397/4 51 40, Fax 033397/4 51 42 25. Forum Hotel Bernau, Tel. 03338/60 02 00, Fax 03338/60 02 50, E-Mail: ForumHotel.Bernau@t-online.de. Comfort Hotel Bernau, Tel. 03338/7 02 00, Fax 03338/70 20 70.

Tourist-Info: Stadt Bernau bei Berlin, Fremdenverkehrsamt, Bürgermeisterstraße 4, 16321 Bernau, Tel. 03338/76 19 19, Fax 03338/76 19 70, E-Mail: fremdenverkehrsamt@bernau-bei-berlin.de

18 Zum Wukensee bei Biesenthal

Etappen: Biesenthal – Strandbad Wukensee – Wukensee-Rundweg – Prendener Straße – Biesenthal

leicht

8 km

2 Std.

keine

ja

Ausgangs-/Endpunkt: Biesenthal, Alter Markt.
Wanderkarte: Kompass Spezialwanderkarte Nr. 1040, Schorfheide-Werbellinsee, 1:50 000.
Markierung: Roter Querstrich, gelber Punkt.
Verkehrsanbindung: Autobahn A 11 Berlin–Prenzlau, Ausfahrt Bernau Süd, auf B 2 Richtung Eberswalde über Bernau nach Biesenthal.
Einkehr: Biesenthal: Gasthof und Pension Henning, Berliner Straße 2. Unterwegs: Im Strandbad am Wukensee; Restaurant & Pension Wukensee, am See.

Unterkunft: Biesenthal: Restaurant & Pension Wukensee, Tel. 03337/45 77-0, Fax 03337/45 77 99; Restaurant und & Pension Kleines Rathaus, Tel./Fax 03337/21 62; Pension Alter Markt, Tel. 030/78 28 09, 0177/12 31 60.
Tourist-Info: Tourismusverein Naturpark Barnim e.V., Berliner Straße 1, 16359 Biesenthal, Tel./Fax: 03337/49 07 18, E-Mail: tv-naturparkbarnim@ibs-brandenburg.de

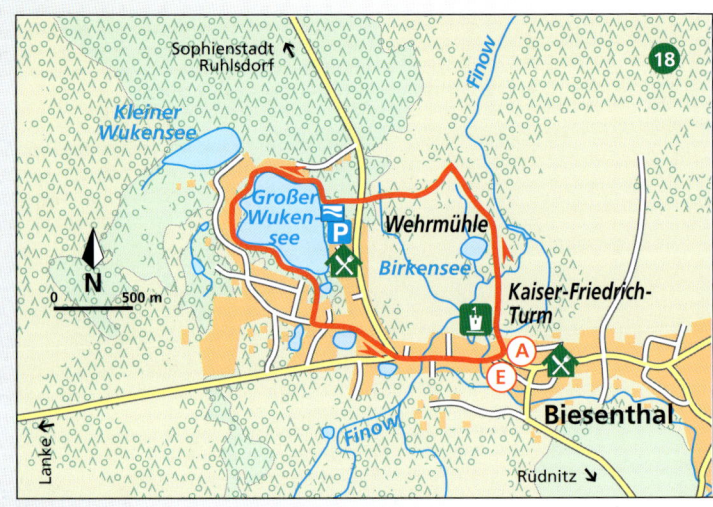

19 Von Eichhorst zum Werbellinsee

Etappen: Eichhorst – Überheide – Werbellin – Werbellinsee – Süßer Winkel – Eichhorst

leicht

15 km

3¾ Std.

keine

ja

Ausgangs-/Endpunkt: Eichhorst, Schleuse.
Wanderkarte: Kompass Spezialwanderkarte
Nr. 1040, Schorfheide-Werbellinsee, 1:50 000.
Markierung: Grüner Querstrich, blauer Querstrich,
roter Querstrich.
Verkehrsanbindung: Autobahn A 11 Berlin–Prenzlau,
Ausfahrt Joachimsthal, auf B 198 bis Joachimsthal.
Busverbindung mit Eberswalde, Bernau.
Einkehr: Altenhof: Waldcafé am Wanderweg. Cam-
pingplatz Süßer Winkel: Café Maritim. Joachimsthal:
Restaurant Zur Krim, Marktstraße 11.

Unterkunft: Joachimsthal: Hotel Am Werbellinsee, Tel.
033361/7 02 56, Fax 033361/2 27; Hotel Wenzelhof,
Tel. 033361/62 90, Fax 033361/6 29 13,
www.hotel-wenzelhof.de; Pension Zur Schorfheide, Tel./Fax 033361/96 05,
www.barnim.de/infothek/eisenbl.htm
Tourist-Info: Amt Joachimsthal, Joachimsplatz 1–3,
16247 Joachimsthal, Tel. 033361/6 46 32.

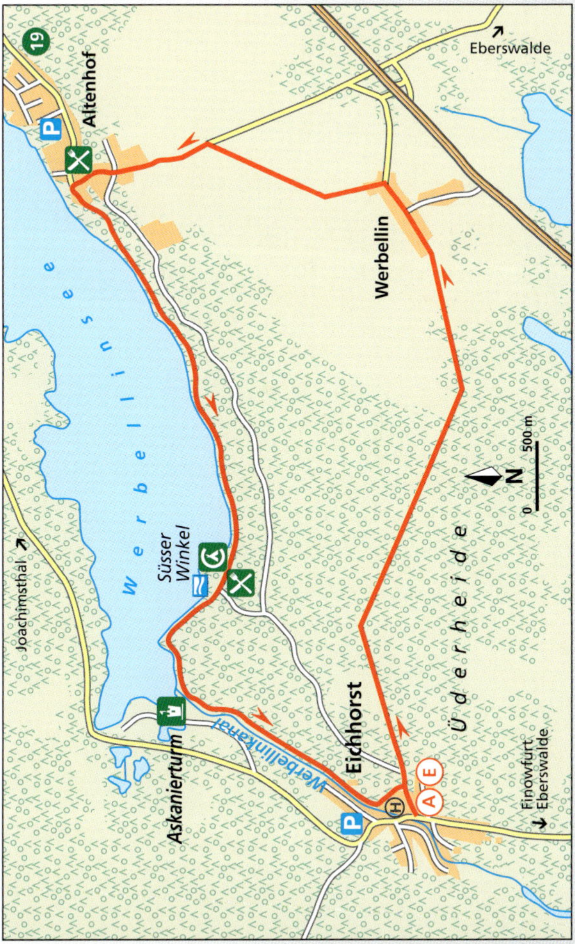

Eberswalde

Altenhof

Werbellin

Joachimsthal

Werbellinsee

Süsser Winkel

0   500 m

N

Eichhorst

Askanierturm

Werbellinkanal

A   E

Finowfurt
Eberswalde

Überheide

20 Um den Grimnitzsee

Etappen: Bahnhof Joachimsthal – Bungalowdorf – Althüttendorf – Leistenhaus – Bahnhof Joachimsthal

 mittel

14 km

3½ Std.

keine

ja

Ausgangs-/Endpunkt: Bahnhof Joachimsthal.
Wanderkarte: Kompass Spezialwanderkarte Nr. 1040, Schorfheide-Werbellinsee, 1:50 000. Bemerkung: Verlauf des Wanderweges um den Grimnitzsee ist nicht korrekt eingezeichnet.
Markierung: Grüner Punkt.
Verkehrsanbindung: Autobahn A 11 bis Ausfahrt Joachimsthal, auf der B 198 bis zum Ort. Busverbindung mit Angermünde. Bahnverbindung mit Eberswalde und Templin.
Einkehr: Joachimsthal: Gaststätte Zur Krim, Marktstraße 11. Unterwegs: Eiscafé Melange, Am Parkplatz

beim Bungalowdorf. Waldhotel und Waldschänke im Ferienpark Jacob am Wanderweg.
Unterkunft: Joachimsthal: Hotel Am Werbellinsee, Tel. 033361/7 02 56; Pension Zur Schorfheide, Tel. 033361/96 05; Hotel Wenzelhof, Tel. 033361/62 90. Feriendorf am Grimnitzsee, Tel. 033361/63 90, Fax 033361/6 39 15.
Tourist-Info: Tourismusgemeinschaft Barnimer Land e.V., Bergerstrasse 97, 16225 Eberswalde, Tel. 03334/5 89 84 17, Fax 03334/5 89 84 20.

21 Durch die Hügellandschaft bei Brodowin

Etappen: Brodowin – Kleiner Rummelsberg – Pehlitz – Pehlitzwerder – Pehlitz – Brodowin

○	leicht
🏃 km	9 km
🕐	2½ Std.
⛰	30 m
☺	ja

Ausgangs-/Endpunkt: Brodowin, Kirche.
Wanderkarte: Kompass Spezialwanderkarte Nr. 1040, Schorfheide-Werbellinsee, 1:50 000.
Markierung: Blauer Querstrich, gelber Punkt.
Verkehrsanbindung: Autobahn A 11 Berlin–Prenzlau, Ausfahrt Finowfurt, auf B 167 nach Eberswalde, dort auf B 2 Richtung Angermünde nach Kloster Chorin Abzweig nach Brodowin. Busverbindung mit Eberswalde.
Einkehr: Brodowin: Gaststätte Zur Frischen Quelle, Dorfstraße 55. Chorin: Gaststätte Neue Klosterschänke, Klosterallee 12 (beim Kloster); Honig-

Spezialitäten-Restaurant Immenstube im Hotel Haus Chorin, Neue Klosterallee 10.
Unterkunft: Chorin: Hotel Haus Chorin, Tel. 033366/5 00, Fax 033366/3 26; Seehotel-Restaurant Neue Klosterschänke, Tel. 033366/53 10, Fax 033366/5 31 41, www.telta.de/Klosterschaenke.de
Tourist-Info: Fremdenverkehrsverein Chorin Oderberg e.V., Am Amt 11a, 16230 Chorin, Tel. 033366/7 03 77, Fax 033366/7 03 78.

22 Von Bad Freienwalde nach Falkenberg

Etappen: Bad Freienwalde – Ruine – Teufelssee – Bismarckturm – Falkenberg

⬤	leicht
🏃 km	10 km
🕐	2½ Std.
⛰	gering
☺	ja

Ausgangspunkt: Bad Freienwalde, Marktplatz.
Endpunkt: Falkenberg, Theodor-Fontane-Platz.
Wanderkarte: Kompass Spezialwanderkarte Nr. 1040, Schorfheide-Werbellinsee, 1:50 000.
Markierung: Blauer Querstrich.
Verkehrsanbindung: Autobahn A 11 Berlin–Prenzlau, Ausfahrt Finwofurt, auf B 167 über Eberswalde nach Bad Freienwalde. Busverbindung mit Eberswalde. Bahn ab Berlin-Lichtenberg oder Bernau über Eberswalde.
Einkehr: Bad Freienwalde: Café und Pension Lender, Hauptstraße 49; Restaurant & Eiscafé Am Teich, Eduardshof 3. Falkenberg: Hotel Villa Fontane, Fontane-

straße 4; Restaurant & Café Carlsburg, Burgstraße 9; Restaurant & Café Rosengarten, Karl-Marx-Straße 31.
Unterkunft: Bad Freienwalde: Akzent-Hotel Eduardshof, Tel. 03344/4 13-0, Fax 03344/4 13-180, E-Mail: Hotel-Eduardshof@t-online.de, www.hotel-eduardshof.de. Hotel & Restaurant Zum Löwen, Tel. 03344/4 16 60, Fax 03344/41 66 6 6. Falkenberg: Hotel Villa Fontane, Tel. 033458/3 03 80, Fax 033458/3 03 81.
Tourist-Info: Touristen-Information der Kur- und Fremdenverkehrs GmbH Bad Freienwalde, Karl-Marx-Straße 25, 16259 Bad Freienwalde, Tel. 03344/34 02.

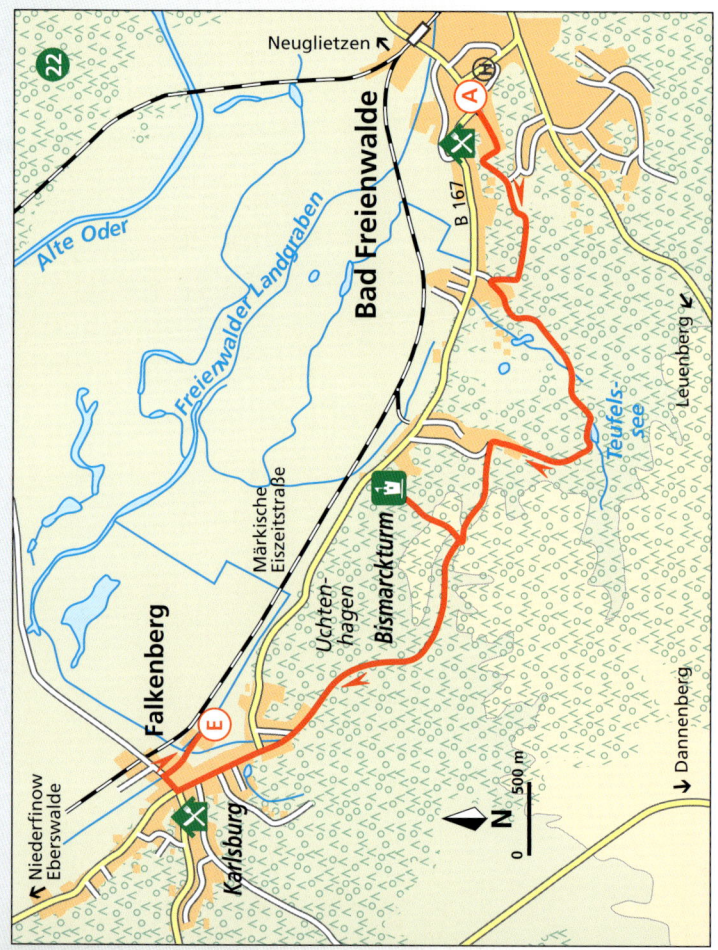

Wandernkompakt
Mark Brandenburg mit Spreewald
Bruckmann

23 Von Eberswalde zum Nonnenfließ

Etappen: Eberswalde – Spechthausen – Nonnenfließ – Klobbicker Landweg – Spechthausen – Eberswalde

leicht

14 km

3½ Std.

keine

ja

Ausgangs-/Endpunkt: Eberswalde, Forstbotanischer Garten.
Wanderkarte: Kompass Spezialwanderkarte Nr. 1040, Schorfheide-Werbellinsee, 1:50 000.
Markierung: Blauer Querstrich.
Verkehrsanbindung: Autobahn A 11, Ausfahrt Finowfurt, auf B 167 über Finow nach Eberswalde. Bahn: Berlin–Stralsund und Berlin–Stettin bis Eberswalde.
Einkehr: Eberswalder Zoo: Zoogaststätte Brauner Bär am Zooeingang. Spechthausen: Restaurant und Café Waldhof, Dorfstraße 39.

Unterkunft: Central-Hotel Eberswalde, Tel. 03334/21 70, Fax 03334/21 74 50.
Tourist-Info: Stadt Eberswalde, Breite Straße 41–44, 16225 Eberswalde. Tel. 03334/64-0, Fax 03334/6 41 90.

Durch den Gamengrund

Etappen: Tiefensee – Gamensee – Mittelsee – Country-Camping – Gamensee – Tiefensee

○ leicht

🚶 12 km

🕐 3 Std.

⛰ keine

☺ ja

Ausgangs-/Endpunkt: Tiefensee, Ortsmitte.

Wanderkarte: Kompass Wander- und Radtourenkarte Nr. 744, Schorfheide – Uckermark – Barnim, 1:50 000.

Markierung: Gelber Punkt, blauer Querstrich, grüner Querstrich, gelber Punkt.

Verkehrsanbindung: Autobahn A 10, Ausfahrt Berlin-Hohenschönhausen, auf B 158 über Werneuchen in Richtung Bad Freienwalde bis Tiefensee.

Einkehr: Werneuchen: Gasthaus & Pension Am Berg, Freienwalder Chaussee 6. Am Gamensee: Waldschenke Sumpfbiber, am Country-Camping. Am Mittelsee: Café-Haus am Mittelsee.

Unterkunft: Werneuchen: Gasthaus & Pension Am Berg, Tel. 033398/9 06 55. Bernau: Forum Hotel Bernau, Tel. 03338/60 02 00, Fax 03338/60 02 50, E-Mail: ForumHotel.Bernau@t-online.de. Comfort Hotel Bernau, Tel. 03338/7 02 00, Fax 03338/70 20 70.

Tourist-Info: Tourismusgemeinschaft Barnimer Land e. V., Bergerstrasse 97, 16225 Eberswalde, Tel. 03334/5 89 84 17, Fax 03334/5 89 84 20.

Zwischen Strausberg und Spitzmühle

Etappen: Strausberg-Stadt – Fähre – Neue Spitzmühle – Wesendahler Mühle – Schillerhöhe – Strausberg-Stadt

○ leicht

🚶 12 km

🕐 2¾ Std.

⛰ keine

☺ ja

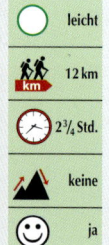

Ausgangs-/Endpunkt: Strausberg-Stadt, Fähre am Straussee.

Wanderkarte: Kompass Wander- und Radtourenkarte Nr. 746, Märkische Schweiz, 1:50 000.

Markierung: Gelber Punkt.

Verkehrsanbindung: Autobahn A 10 Berliner Ring , Ausfahrt Berlin-Hellersdorf in Richtung Strausberg. Bahn: S-Bahn von Berlin nach Strausberg-Stadt.

Einkehr: Strausberg: Restaurant und Biergarten Zur Fähre, Große Straße 1. Unterwegs: Hotel/Restaurant Neue Spitzmühle, Wesendahler Mühle, Di, Mi Ruhetag.

Unterkunft: Strausberg: The Lakeside Hotel ****, Tel. 03341/3 46 90, Fax 03341/34 69 15. E-Mail: hotel@thelakeside.de; Garni-Hotel Strausberg, Tel. 03341/36 30-0, Fax 03341/36 30 33; Fontane Pension, Tel. 03341/31 17 70, Fax 03341/31 46 76. Pension Zur Altstadt, Tel. 03341/25 06 64, Fax 03341/2 27 57; Pension am Straussee, Tel. 03341/31 38 21.

Tourist-Info: Stadt- und Tourist-Information Strausberg, August-Bebel-Straße 1, 15344 Strausberg, Tel. 03341/31 10 66, Fax 03341/31 46 35. E-Mail: strausbergtours@t-online.de, www.stadtstrausberg.de

26 Von Buckow zum Krugberg

Etappen: Buckow – Großer Tornowsee – Dachsberg – Krugberg – Wurzelfichte – Buckow

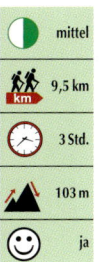

mittel

9,5 km

3 Std.

103 m

ja

Wandernkompakt
Mark Brandenburg mit Spreewald
Bruckmann

Ausgangs-/Endpunkt: Buckow, Strandbad.
Wanderkarte: Kompass Wander- und Radtourenkarte Nr. 746, Märkische Schweiz, 1:50 000.
Markierung: Gelber Querstrich, grüner Querstrich, blauer Querstrich.
Verkehrsanbindung: Autobahn A 10 Berliner Ring, Ausfahrt Berlin-Hellersdorf, auf B1/B5 Richtung Frankfurt/O. bis Müncheberg, dort Abzweig nach Buckow. Bahn: Mit RB 26 von Berlin-Lichtenberg bis Müncheberg, umsteigen in den Anschlussbus am Bahnhofsvorplatz.
Einkehr: Buckow: Strandcafé am Schermützelsee, Wriezener Straße 28; Romantisches Gasthaus Stobbermühle, Wriezener Straße 2.
Unterkunft: Buckow: Hotel Bellevue, Tel. 033433/6480, Fax 033433/64828; Hotel & Restaurant Bergschlößchen***, Tel. 033433/57312, 57413, 57414, Fax 033433/57412
Tourist-Info: Fremdenverkehrsamt Märkische Schweiz, Wriezener Straße 1a, 15377 Buckow, Tel. 033433/5 75 00 und 6 59 82, Fax 033433/5 77 19 und 6 5920.

27 Zu den Oderhängen bei Seelow

Etappen: Mallnow – Rundweg am Huderberg – Mallnow

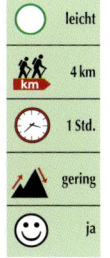

leicht

4 km

1 Std.

gering

ja

Wandernkompakt
Mark Brandenburg mit Spreewald
Bruckmann

Ausgangs-/Endpunkt: Manufaktur in Mallnow.
Wanderkarte: Kompass Wander- und Radtourenkarte Nr. 746, Märkische Schweiz, 1:50 000.
Markierung: Adonisröschenblüte.
Verkehrsanbindung: Autobahn A 10 Berliner Ring, Ausfahrt Berlin-Hellersdorf, auf B 1/5 über Müncheberg bis Seelow, auf B 167 Richtung Lebus nach Mallnow.
Einkehr: Mallnow: Gaststätte Adonisröschen, Bruchweg 8.
Unterkunft: Seelow: Hotel Brandenburger Hof***, Tel. 03346/8 89 40, Fax 03346/8 89 42. Lebus: Gasthof Rosencafé, Tel. 033604/52 22 und 5217, Fax 033604/52 22. Mallnow: Landherberge Der lustige Strohsack, Tel. 033602/5 81 07.
Tourist-Info: Tourist-Information Oderbruch e.V., Mittelstraße 10, 15306 Seelow, Tel. 03346/84 98 08, Fax 03346/84 98 07, E-Mail: seelow-tours@t-online.de

28 Durch die Rauener Berge

Etappen: Bad Saarow – Markgrafensteine – Steinerner Tisch – Markgrafensteine – Bad Saarow

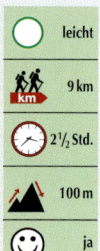

- leicht
- 9 km
- 2½ Std.
- 100 m
- ja

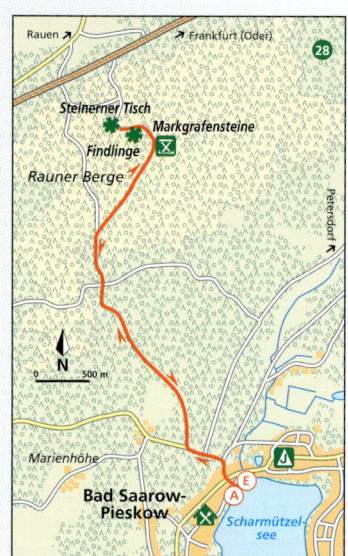

Wandernkompakt
Mark Brandenburg mit Spreewald
Bruckmann

Ausgangs-/Endpunkt: Bad Saarow, Bahnhof.
Wanderkarte: Kompass Wander- und Radtourenkarte Nr. 746, Märkische Schweiz, 1:50 000.
Markierung: Weißes Quadrat.
Verkehrsanbindung: Autobahn A 12 Berlin-Frankfurt/O, Ausfahrt Fürstenwalde, Richtung Beeskow nach Bad Saarow.
Einkehr: Restaurant Park Café, Theater am See, Seestraße 22; Restaurant Drei Stuben, Cecilienpark; Catharinen Café, Ulmenstraße 15.
Unterkunft: Bad Saarow: Hotel Ville Contessa****, Tel. 033631/5 80 18, Fax 033631/5 80 19; Hotel/Restaurant Azur***, Tel. 033631/52 14, Fax 033631/52 16; Hotel garni Am Seerosenteich, Tel./Fax 033631/26 87.
Tourist-Info: Kur- und Fremdenverkehrsgesellschaft Saarow Centrum, Ulmenstraße 15, 15526 Bad Saarow, Tel. 033631/86 80, Fax 033631/86 81 20. E-Mail: info@bad-saarow.de, Internet: www.bad-saarow.de

---

29 Um den Treppelsee

Etappen: Bremsdorfer Mühle – Treppelsee – Hammersee – Forsthaus Siehdichum – Bremsdorfer Mühle

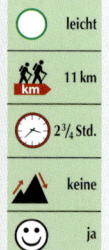

- leicht
- 11 km
- 2¾ Std.
- keine
- ja

Wandernkompakt
Mark Brandenburg mit Spreewald
Bruckmann

Ausgangs-/Endpunkt: Bremsdorfer Mühle.
Wanderkarte: Kompass Spezial Wander-, Rad- und Reitwegekarte Nr. 1043, Schlaubetal, 1:50 000.
Markierung: Gelber Querstrich, blauer Querstrich.
Verkehrsanbindung: Von der Autobahn A 12, Abfahrt Müllrose, über Müllrose und Mixdorf bis Grunow, dann auf B 246 Richtung Eisenhüttenstadt bis Bremsdorfer Mühle. Busverbindung mit Beeskow und Eisenhüttenstadt.
Einkehr: Am Treppelsee: Gaststätte Bremsdorfer Mühle. Unterwegs: Forsthaus Siehdichum.
Unterkunft: Müllrose: Pension am See, Tel. 033606/3 04, Fax 033606/49 81; Hotel Kaisermühle, Tel. 033606/8 80, Fax 033606/8 81 00; Gasthaus & Pension Am Kanal, Tel. 033606/7 01 00.
Tourist-Info: Schlaubetal-Information, Kietz 5, 15299 Müllrose, Tel./Fax 033606/6 67.

30 Von Kieselwitz zum Wirchensee

Etappen: Kieselwitz – Kieselwitzer Mühle – Wirchensee – Kieselwitz

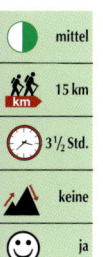

mittel	
15 km	
3½ Std.	
keine	
ja	

Bremsdorf ↑

30

Kieselwitzer Mühle

Kieselwitz

Zisken See

Dammendorf ↑

Schlaube

Schlaube-mühle

Waldseehotel

Wirchensee

Naturlehrpfad

Groß Muckrow

Reicherskreuz ↓

N 0 500 m

Ausgangs-/Endpunkt: Kieselwitz, Ortsmitte.
Wanderkarte: Kompass Spezial Wander-, Rad- und Reitwegekarte Nr. 1043, Schlaubetal, 1:50 000.
Markierung: Roter Querstrich, blauer Querstrich.
Verkehrsanbindung: Autobahn A 12, Ausfahrt Müllrose, über Müllrose, Mixdorf zur B 246, bis Fünfeichen und dort nach Kieselwitz abbiegen. Busverbindung mit Eisenhüttenstadt.
Einkehr: Am Wirchensee: Waldsee-Hotel am Wirchensee.
Unterkunft: Müllrose: Pension am See, Tel. 033606/3 04, Fax 033606/49 81; Hotel Kaisermühle, Tel. 033606/8 80, Fax 033606/8 81 00; Gasthaus & Pension Am Kanal, Tel. 033606/7 01 00. Mixdorf: Gasthaus & Pension Krug zum Schlaubetal, Tel. 033655/52 52.
Tourist-Info: Schlaubetal-Information, Kietz 5, 15299 Müllrose, Tel./Fax 033606/6 67.

31 Im Naturschutzgebiet Byttna

Etappen: Straupitz – NSG Byttna – Florentinen-Eiche – Byhleguhrer See – Straupitz

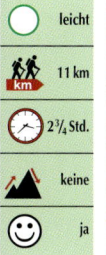

leicht	
11 km	
2¾ Std.	
keine	
ja	

31

Byhleguhrer See

Hinterm See

Naturschutzgebiet

Am Byhleguhrer See

Byhleguhrer See

Butzen

Byttna

Florentinen-eiche

Byhleguhre

Laasew

Straupitz

N 0 500 m

Neu Zauche

Ausgangs-/Endpunkt: Straupitz, Kirche
Wanderkarte: Kompass Wander- und Radtourenkarte Nr. 748, Spreewald, 1:50 000.
Markierung: Grüner Punkt, gelber Querstrich.
Verkehrsanbindung: Autobahn A 13, Ausfahrt Freiwalde oder Duben, über Lübben nach Straupitz. Busverbindung mit Lübben.
Einkehr: Straupitz: Fischrestaurant Zum Wassermann, Cottbusser Straße 1; Gasthaus zur Byttna, Cottbusser Straße 28.
Unterkunft: Lübben: Spreewaldhotel Stephanshof***, Tel. 03546/27 21-0, Fax 03546/27 21 60; Hotel-Restaurant Spreeblick, Tel. 03546/23 20, Fax 03546/23 22 00.
Tourist-Info: Heimat- und Fremdenverkehrsverein Straupitz e.V. Bahnhofstraße 36 (Tourist-Info Lübbener Straße 28), 15913 Straupitz, Tel./Fax 035475/1 67 71

Wandernkompakt
Mark Brandenburg mit Spreewald
Bruckmann

Wandernkompakt
Mark Brandenburg mit Spreewald
Bruckmann

32 Von Lübbenau nach Lehde

Etappen: Marktplatz in Lübbenau – Schloßpark – Lehde – Kahnhafen in Lübbenau – Marktplatz in Lübbenau

leicht

7 km

1¾ Std.

keine

ja

Ausgangs-/Endpunkt: Lübbenau, Marktplatz.
Wanderkarte: Kompass Wander- und Radtourenkarte Nr. 748, Spreewald, 1:50 000.
Markierung: Grüner Schrägstrich.
Verkehrsanbindung: Autobahn A 13, Ausfahrt Freiwalde oder Duben, über Lübben nach Lübbenau. Bahn: Berlin–Cottbus (Bahnhof liegt 1 km vom Ort entfernt).
Einkehr: Lübbenau: Zahlreiche Gaststätten. Lehde: Gasthaus Hirschwinkel, An der Dolzke 6.
Unterkunft: Lübbenau: Hotel Schloss Lübbenau, Tel. 03542/87 30, Fax 03542/87 36 66; Frühstückspension Am Holzgraben, Tel. 03542/22 21, Fax 03542/20 34.
Tourist-Info: Spreewald-Touristinformation Lübbenau, Ehm-Welk-Straße 15, 03222 Lübbenau. Tel. 03542/36 68, E-Mail: info-luebbenau@spreewald-online.de

Wandernkompakt
Mark Brandenburg mit Spreewald
Bruckmann

33 Von Burg zum Bismarckturm

Etappen: Burg – Bismarckturm – Heimatkundlicher Lehrpfad – Kräutergarten – Bismarckturm – Burg

leicht

11 km

2¾ Std.

keine

ja

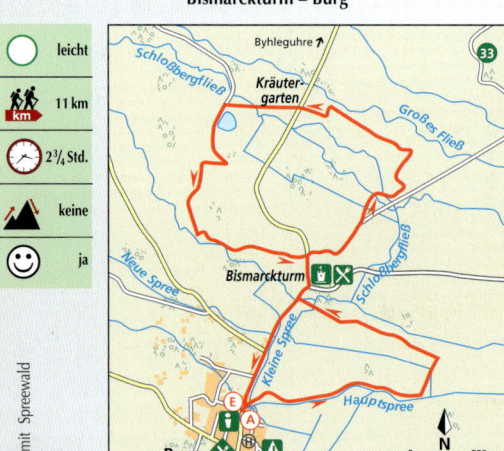

Ausgangs-/Endpunkt: Burg, Touristeninformation.
Wanderkarte: Kompas Wander- und Radtourenkarte Nr. 748, Spreewald, 1:50 000.
Markierung: Gelber Querstrich, grüner Schrägstrich, roter Querstrich.
Verkehrsanbindung: Autobahn A 15, Ausfahrt Vetschau bis Burg. Busverbindung mit Cottbus.
Einkehr: Unterwegs: Biergarten am Bismarckturm. Seehotel am Badesee. Burg: Gaststätte Zum Metzger, Hauptstraße 27. Gasthaus Zur Linde, Hauptstraße 38. Café Urban, Hauptstraße 39.
Unterkunft: Burg: Landgasthof/Pension Zur Wildbahn, Tel. 035603/2 93, Fax 035603/6 18 56; Landhotel Burg im Spreewald, Tel. 035603/6 46, Fax 035603/6 48 00.
Tourist-Info: Tourist-Information Burg (Spreewald), Am Hafen 6, 03096 Burg, Tel. 035603/4 17.

Wandernkompakt
Mark Brandenburg mit Spreewald
Bruckmann

leicht

11 km

2¾ Std.

keine

😊 ja

Ausgangs-/Endpunkt: Caminchen, Feuerwehrdepot.
Wanderkarte: Kompass Wander- und Radtourenkarte Nr. 748, Spreewald, 1:50 000.
Markierung: Gelber Querstrich, roter Querstrich, gelber Querstrich.
Verkehrsanbindung: Autobahn A 13, Ausfahrt Freiwalde oder Duben, über Lübben auf B 320 Richtung Straupitz, nach Radensdorf Abzweig nach Caminchen.
Einkehr: Klein Leine: Gaststätte Haaseneck, Lübbener Straße, Mittwoch Ruhetag.

Unterkunft: Lübben: Spreewaldhotel Stephanshof***, Tel. 03546/
27 21-0, Fax 03546/27 21 60; Hotel-Restaurant Spreeblick, Tel. 03546/23 20,
Fax 03546/23 22 00.
Tourist-Info: Spreewaldinfo Lübben, Ernst-v.Houwald-Damm 15, 15907
Lübben/Spreewald, Tel. 03546/30 90,
Fax 03546/25 43,
E-Mail: spreewaldinfo@t-online.de

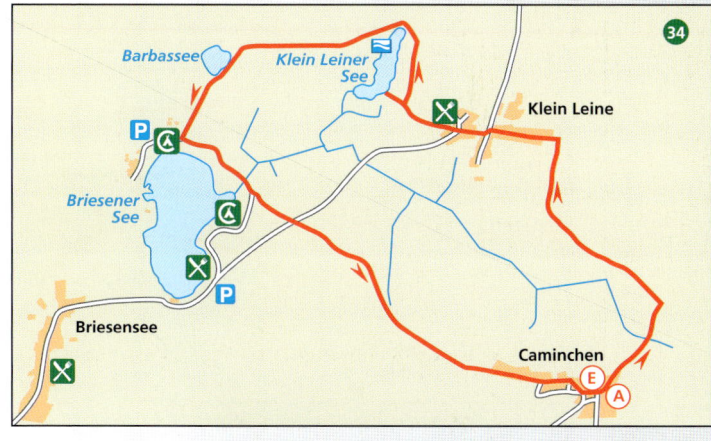

35 Zum Belziger Hagelberg

Etappen: Belzig – Hagelberg – Klein Glien – Franzosenberg – Belzig

 mittel

 14,5 km

 3½ Std.

 120 m

😊 ja

Ausgangs-/Endpunkt: Belzig, Burg Eisenhardt.
Wanderkarte: Kompass Wander-
und Radtourenkarte Nr. 747, Fläming, 1:50 000.
Markierung: Grüner und blauer Querstrich.
Verkehrsanbindung: Autobahn A 9, Ausfahrt Nie-
megk, auf B 102 nach Belzig. Busverbindung mit
Potsdam und Brandenburg. Bahn: Regionalbahn Ber-
lin–Dessau.
Einkehr: Belzig: See-Café, Weitzgrunder Straße; Gast-
stätte Alter Brauhof, Straße der Einheit 16; Restaurant,
Café Burg Eisenhardt, Straße der Einheit 41.

Unterkunft: Belzig: Burghotel, Tel. 033841/3 12 96,
Fax 033841/3 12 97; Hotel Springbach-Mühle, Tel.
033841/62 10, Fax 033841/ 6 21 11;
Hotel Burg Eisenhardt, Tel. 033841/
60 30, Fax 033841/6 03 21.
Tourist-Info: Fläming-Tourismus e.V., Postfach 11 13,
14801 Belzig, Tal. 033841/3 04 10.

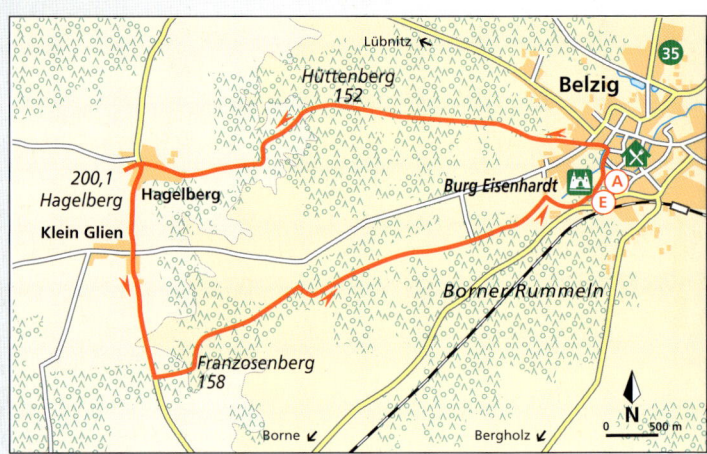

Wanderkompakt
Mark Brandenburg mit Spreewald
Bruckmann